현대문화와 신화

문학의 기본 개념 13

현대문화와 신화

표정옥 지음

연세대학교 대학출판문화원

문학의 기본 개념 13

현대문화와 신화

지 은 이 표정옥
펴 낸 곳 연세대학교 대학출판문화원
주　　소 서울특별시 서대문구 연세로 50
전　　화 02)2123-3380~2
팩　　스 02)2123-8673
홈페이지 http://press.yonsei.ac.kr
ysup@yonsei.ac.kr
인　　쇄 (주)태화북스

2006년 8월 20일 1판 1쇄
2016년 8월 30일 1판 4쇄
ISBN 978-89-7141-746-1 (03210)

값 10,000원

차 례

I.

서문

몇 년 전까지만 해도 신화는 필자와는 전혀 상관없는 먼 나라 이야기였다. 할머니의 무수한 금기들, 예를 들면, 문지방을 밟지 마라, 제사상엔 복숭아는 안 된다, 잠잘 때 머리는 북쪽을 향해서는 안 된다, 밤에 피리를 불지 마라 등등 무수히 많은 금기들에 미신이란 딱지를 붙여서 무조건 거부하던 어린 시절의 반항이 있었다. 또한 각종 명절이나 제사 때마다 치러야 하는 정체 모를 행사들이 있었고 어린 시절 액막이굿을 구경하면서 무당이 부르던 알 수 없는 흥얼거림이 왠지 비과학적이고 거북스럽게 느껴졌다. 신화는 과학적이지 못한 그런 다소 불편한 느낌이었다. 그런데, 그런 필자에게도 어느새 끊임없이 세상의 질서에 대해서 질문을 하는 아이들이 생겼다. 처음 신화를 만난 곳은 동물원이었다. 유난히 동물을 좋아하는 아이들의 질문은 거침이 없었다. 왜 호랑이는 힘이 세느냐, 곰은 왜 두 발로 설

수 있느냐, 공작 꼬리의 무늬는 왜 저렇게 생겼느냐, 올빼미는 왜 낮에 자느냐 등 답을 하기에 버거울 정도였다. 그러던 중 필자는 『곰과 호랑이』 신화 이야기를 아이들에게 해 주게 되었다. 황당한 이야기를 정말 믿을까 의아해하면서 들려준 것이 뜻밖에 놀라운 성과를 보여 주었다. 그 다음엔 사자를 보면서 해치를, 말을 보면서는 페가수스를, 독수리를 보면서는 프로메테우스를, 공작의 날개를 보면서는 아르고스의 눈 이야기를, 뱀을 보면서는 리바이어던이라는 거대한 뱀 이야기와 자신의 꼬리를 물고 있는 우로보로스 이야기를, 두꺼비를 보면서는 동양의 항아 이야기를, 사슴을 보면서는 유니콘을, 거미를 보면서는 아라크네 이야기를, 올빼미를 보면서는 아테나 이야기 등 많은 신기한 이야기를 해 주면서 어느새 신화는 삶의 일부가 되어버렸다. 이렇게 신화와의 만남은 필연적인 황홀한 인연이라고 말할 수 있다.

신화는 아이들의 동화에도 고스란히 또아리를 틀고 또 독자의 해석을 기다리고 있는 듯 보였다. 신화를 직접 전하고 있는 동서양의 동화와 우리 신화의 이야기를 보여 주는 동화 이야기들을 두루 섭렵하였다. 특히 우리 신화에 나오는 정겨운 인물들은 하나같이 순박하고 소박했다. 집을 잘 지어서 성주신이 된 〈성주풀이〉의 황우양씨, 지혜로움으로 가정을 잘 지킨 막막부인, 지조와 용기와 미를 겸비한 〈세경본풀이〉의 자청비, 해와 달을 쏘아서 인간 세상의 질서를 바로잡은 〈천지왕본풀이〉의 소별왕과 대별왕, 성처녀의 신화를 보여 준 삼신할미가 된 〈제석본풀이〉의 당금애기, 염라대왕까지 붙잡아 올 수 있는 〈차사본풀이〉의 영웅 강림도령, 저승세계까지 가서 아비의 약을 구해왔던 정겨운 바리공주, 서천꽃밭의 대왕이 된 〈이공본풀이〉 한락궁이의 영웅성, 작은 가슴으로 우주를 품은 〈원천강본풀이〉의 오늘이 등 너무나 소중한 우리의 신화의 주인공들을 만나게 되었다. 이러한 신화적 상상력은 필자가 전공을 했던 현대소설로 자연스럽게 이어졌다. 신화에 나타난 무수한 상상력이 현대 소설에 해독되어야 하는 바코드 암호처럼 기다리고 있었다. 〈궁상이굿〉에서 태양신이 된 거지 궁산이가 마누라를 걸고 도박하는 것을 보면서 일제시대 김유정의 소설의 신화적 뿌리를 보았고 그렇게 팔려간 궁산이 부인은 남편을 찾기 위해 거지 잔치를 열게 된다. 『심청전』의 신화적 사유가 보이는 대목이며 삼승할망과 저승할망의 이야기에서 김동리의 〈무녀도〉의 신화성을 읽게 된다. 또한 오누이 신화의 한국판인 맷돌 이야기와 달래산 전설에서 이청준의 『서편제』를 읽게 되며 최근의 여성소설에 등장하는 인물들에서 대지모신을 읽어 낼 수 있었다. 김훈의 『칼의 노래』에서 보이는 영웅의 모습에서 우리 신화 속 영웅 강림도령을 떠올리게 되었다. 비단 이는 한국소설에만 국한되지 않는다. 하루키의 『해변의 카프카』와 코엘료의 『연금술사』와 존 로날드 로웰 돌킨의 『반지의 제왕』 등 외국 소설에서도 역시 신화작용은 계속되고 있었다.

신화의 주술은 알면 알수록 더 강하게 끌어들이는 유혹적인 마력이 있다. 그 주술에서 풀려나는 유일한 해결책은 신화 속 수수께끼의 비밀을 하나씩 풀어가는 수밖엔 달리 방법이 없어 보인다. 물론 늘 목말라 있는 부족한 학자에겐 행복한 주술이다. 아이들이 보는 애니메이션도 생활의 일부가 되어버렸다. 아이들과 〈디지몬 프론티어〉, 〈탑블레이드〉, 〈유희왕〉, 〈이누야샤〉, 〈도라에몽〉, 〈나루토〉 등 수많은 애니메이션을 보았다. 애니메이션에는 무수한 신화적 상상력이 거침없이 펼쳐지고 있었다. 특히 미와자키 하야오 감독의 애니메이션들은 대부분 신화적 상상력을 담고 있는 신화 교과서처럼 보였다. 실제로 대학 교양에서 〈월령공주〉 〈센과 치히로의 행방불명〉 〈하울의 움직이는 성〉 등을 가지고 신화 수업을 해보았을 때 영상 세대인 요즘 학생들에게 무척 효과적임을 확인할 수 있었다. 영화에서도 그러한 신화적 상상력은 컴퓨터의 발달로 호황기를 맞고 있다. 〈반지의 제왕〉이나 〈해리포터〉처럼 신화적이고 마법적인 세계를 보여 주는 영화 이외에도 고도의 상징을 동원해서 영상화시키는 신화적 상상력이 돋보이고 있다. 신화는 마치 〈해리포터〉에서 등장하는 호그와트로 이동하는 킹스크로스역 9와 4분의 3기둥과 같은 존재이다. 일상에서는 보이지 않지만 자세히 들여다보면 스멀스멀 보이는 신기루 같은 상상력이기 때문이다.

실제로 신화를 전반에 드러내지는 않지만 첩첩이 신화적 상상력의 고갱이가 차용되고 있음을 목도할 수 있다. 유토피아를 갈망하는 인간의 욕망 안에 창세신화의 신화소가 있으며 복수와 사랑의 신화소를 우리 영화 곳곳에서 깊이 있게 보여 주고 있고 영웅신화와 사랑의 신화소 역시 영화의 주요 모티프가 되고 있었다.

신화적 주술의 영향이 지대하게 미치는 곳은 아이들의 놀이와 온라인 게임을 빼놓을 수 없다. 이 책의 초판과 현재까지는 10여 년의 시간이 흘렀고, 온라인 게임에는 엄청난 변화가 일어났다. 게임의 내용과 기술적 변화는 감히 언급할 수 없을 정도로 급격하게 발전했고, 증강현실까지 활용한 게임이 세상을 들썩이고 있을 정도이다. 그야말로 신화 같은 세계이다. 그러나, 본고에서는 신화가 그 상상력의 핵심적인 원천이 된다는 부분에 한정된 극히 미약한 이야기이기 때문에 그 취지만을 살려 그대로 게임장을 두고 조금 보강하기로 하겠다. 신화의 주인공들로 가득 찬 카드를 가져와서는 상대방을 제압하고 쾌재를 부르는 아이들의 모습을 보면서 신화 속에서 무엇인가를 발견했던 이야기를 떠올리게 된다. 이카루스의 날개를 만들었던 다이달로스의 환호, 황제의 군대가 사용했다고 하는 지남거의 발명, 문자를 만들었다고 전해지는 중국의 창힐의 영특함, 누에고치로 변해버린 말가죽을 뒤집어쓴 처녀에게서 얻은 비단실의 축복, 나뭇가지로 불을 일으킨 수인의 기쁨을 느낄 수 있다. 제우스가 변한 양치기 판(Pan)의 구애를 피해서 갈대가 되어버린 시링크스는 피리로 거듭나 아름다운 소리를 내게 되었고 프로메테우스의 결박을 상징적으로라도 지속시키고자 했던 제우스는 돌을 링에 박았다. 이는 반지의 근원이 되고 있다. 이렇듯 신화에는 환호성을 지를 만큼 많은 발명의 신비함이 가득 들어 있다.(유다정, 2006) 놀이에는 각각의 신화적 상징들이 마치 유전자처럼 각인되어 있어서 놀이에 참여하는 사람들을 무의식중에 신화의 세계로 이끌고 있다. 이러한 현상이 집단무의식이 아닐까? 온라인 게임은 그야말로 신화 천국이라고 할 수 있다. 실제로 신화의 이름을 차용하고 있는 경우도 매우 많을뿐더러 그 안에 펼쳐지는 게임의 서사 역시 영웅신화의 흐름을 보여 주고 있다.

신화는 현실세계에 강한 관심과 애착으로 현실을 좀더 지적이고 심층적으로 바라보고자 하는 인간의 욕구일 것이다. 따라서 신화의 아우라를 볼 수 있다면 우리의 삶은 보다 윤택해질 수 있을 것이다. 여행을 떠나서 만나게 되는 〈달래-〉라는 접두어를 가진 지명들의 유래를 음미하고, 유적지 곳곳에 있는 〈삼신산〉이라는 명칭들의 유래를 생각해보고, 이상할 정도로 큰 눈을 가진 물고기들에서 신화의 인면어들을 생각하고 인어아가씨와 인어아저씨를 떠올리며, 월드컵의 붉은 악마의 상징인 치우의 치열한 저항 정신을 느끼며, 고분벽화나 박물관에서 만나는 벽화의 상징들의 의미를 파악하고, 심지어 로봇을 보면서 저 기굉국의 외팔이 인물을 떠올리게 된다. 무심코 지나쳐버렸던 삶의 편린들이 각각 새로운 의미를 가지게 되는 것을 경험할 것이다. 신화적 사유는 과거와 현재를 이어 주는 밧줄 역할을 넘어서 현재의 삶을 보다 잘 이해하게 해주며 미래를 예측하게 해준다. 최근에 일어났던 재앙인 아시아 쓰나미섬의 해일과 미국 뉴올리언즈에 불어 닥친 카트리나의 피해는 신화 속에 자주 보이는 홍수신화를 상기시킨다. 어쩌면 아주 옛날에 살았던 사람들에게도 이러한 해일이나 허리케인이 있었을지 모른다는 생각을 무의식 중에 하게 되며 그러한 홍수 후에 살아남은 사람들의 이야기가 홍수신화로 회자되었던 것일 수도 있다고 추측하게 된다. 모름지기 신화란 그 시대를 살았던 사람들의 사유의 공분모이기 때문이다. 이 책에서는 신화를 보편적 문화의 원형으로 바라보고 있기 때문에 동서양의 신화를 구분하기보다는 그 의미의 원형이 문화에 반영된 것에 중점을 두고 읽어나가려고 한다. 신화와 은밀한 대화를 시작하면 신화는 계속해서 우리에게 수수께끼를 던진다. 우리가 한 고개 한 고개를 넘을 때마다 지적 즐거움이라는 마술의 떡을 던져 주면서.

II.

현대문화에 비친 신화의 그림자

1. 현대문화의 특징

최근 문화적으로 중요한 화두는 신화적 상상력 즉 환상성을 빼놓을 수 없을 것이다. 이와 같은 맥락에서 현재 인류가 프로메테우스 시대를 지나 디오니소스 시대를 거쳐 다시 헤르메스의 시대로 이동한다(질베르 뒤랑, 2002:38)는 질베르 뒤랑의 지적은 일견 타당한 문화 담론임이 분명하다. 즉 문명의 기틀을 마련해야 하는 시대와 자유를 갈망하는 시대를 지나 인류는 바야흐로 문화 영웅의 시대에 산다는 뜻이다. 문화적 강국이 세계 경제의 주도권을 쥐고 있는 현실을 감안한다면 우리 시대에 깊이 그림자를 드리우고 있는 신화는 문화적으로 풍부한 해석을 필요로 한다. 각 문화마다 신화는 독특한 특징이 있다. 동시에 모든 문화에 공통적으로 흐르는 신화적 보편성도 존재한다.

보통 신화를 거론할 때 나누는 창조신화, 영웅신화, 시조신화 등의 범주 구분과 아시아, 유럽, 아메리카, 아프리카, 오세아니아, 그 밖의 많은 원시 부족들의 신화는 따로 따로 구분되기보다는 신화의 원형으로서 공통된 의미를 창출한다고 볼 수 있다. 이미 그리스 로마신화는 더 이상 한 지역의 신화로서의 의미만을 가지고 있지는 않으며 그밖에 다른 문화권의 신화들 역시 문화의 범위와 경계가 허물어지고 있다. 이는 미디어와 인터넷의 급격한 발달이 가져오는 필연적인 부산물일 것이다. 마셜 맥루한이 1960년대 중반 미디어를 차가운 것과 뜨거운 것으로 이분화시켰을 때 설정한 기준은 독자의 참여도가 그 핵심이었다. 독자가 참여할 여지가 있는 미디어는 차가운 것이라는 논리였는데, 그가 나눈 설정은 현대 미디어 세계에서는 다소 맞지 않는다. 인터넷과 미디어가 만나면서 옛날에 차가운 미디어로 분류되었던 것이 뜨거운 속성을 일정 부분 가지게 된 것이다.

미디어와 인터넷은 신화의 세계를 무한대로 확장시키는 극적인 효과를 가져 오고 있다. 과거 얼마 전까지 상상 속에서나 가능했던 이미지와 영상들이 현재 눈 앞에서 실현되고 있는 것을 왕왕 보곤 한다. 우리나라의 민간 신화의 이야기를 3부작으로 그려냈던 〈신과 함께(주호민 웹툰, 2010-2012)〉라는 웹툰이 저승, 이승, 신화 편으로 나누어 우리신화의 수많은 캐릭터들을 현대적인 인물들로 소환해 냈다. 이제는 한 발 더 나아가 드라마와 영화로 제작되고 있는 형국이다. 본고는 현대문화의 각 장르에서 펼쳐지는 특별한 흐름을 신화성이라는 용어로 규정하고 장르별로 먼저 읽어가는 귀납적 논의를 전개시키기로 한다. 이러한 읽기 방향은 문화의 능동적 해석을 유발시킨다.

〈해리포터 Harry Potter〉와 〈반지의 제왕 The Lord of Rings〉이 전 세계의 문화권으로 쉽게 받아들여지고 흥행할 수 있었던 점과 〈월령공주 もののけ姫〉와 〈센과 치히로의 행방불명 千と千尋の神隱し〉 등 동양신화를 바탕으로 하는 애니메이션이 서양에서도 좋은 반응을 얻었다는 것은 문화가 더 이상 한 지역의 특성만을 대변하지는 않는다는 의미로 받아들여질 수 있다. 역사적인 사건과 인물이 신화화된 〈아더왕 King Arthur〉, 〈트로이 Troy〉, 〈킹덤 오브 헤븐 Kingdom of heaven〉이 서양신화에 근거를 둔 영화라면 동양에서도 신화를 역사적인 맥락과 함께 재창출해가고 있다. 한국 배우를 등장시킨 중국의 영화 〈神話 The Myth - 진시황릉의 비밀〉은 진시황의 시대의 장수와 그를 사랑한 여인의 이야기를, 우리 영화 〈황산벌〉은 삼국유사에 그려진 화랑의 내용과 계백의 신화적인 전쟁이야기를 현실적 욕망을 가진 이야기로 그리고 있다. 이러한 최근의 일련의 영화 제작의 큰 흐름은 영웅을 새롭게 정의한 예라고 할 수 있다.

왜 우리 시대에 신화가 가장 큰 화두로 떠오르고 있는 것일까? 혹자는 과학이 우리에게 너무나 많은 정보를 주고 인간을 왜소화시킨 나머지 우리 인간은 가야할 곳을 잃어버렸다고 진단한다. 즉 첨단 문명의 위기라는 미궁에 현대인은 갇혀 있는데 그 곳에서 나오기 위해서 우리는 "처음부터 인간이 왔던 그 본원적 자리를 다시 되짚어 가보는 것"(정재서, 2004b:11)이라고 할 수 있다. 바야흐로 21세기, 그러니까 과학이 전지전능한 힘을 발휘하고 신들의 체스 놀이의 대상이 아니라 스스로의 전기태엽을 감을 수 있는 만능 다이달로스 인형 하나쯤은 가지고 있는 이 과학만능주의적 시점에 신화는 왜 담론의 표층에서 부유하는 것인가. 또한 각 나라마다 우주선을 띄우는 최첨단의 현재를 살고 있는 현대인에게 왜 신화가 더 가깝게 느껴지는 역설을 경험해야 하는 것일까? 인간의 복제가 가능해진다는 것은 이집트의 죽은 오시리스의 조각난 몸이 이시스의 노력에 의해 다시 부활하는 기적이다. 이러한 과학의 진보 한가운데서 과학의 세계와는 너무나 동떨어진 신화라는 것을 과학의 능력으로 부활시키고 있는 것이기도 하다.

특히 영상매체의 눈부신 발달이 신화를 문화사업의 추동력이 되게 하였다. 신화가 과거에 비해서 더욱 빛을 발하고 있는 분야는 영화, 애니메이션, 온라인 게임 등인데 이들 매체는 컴퓨터라는 과학 기술에 많은 혜택을 보고 있다. 예전에는 재현하기 힘들었던 여러 가지 인간의 상상력이 더 이상 상상으로만 남아 있을 이유가 없는 것이다. 우리가 꿈속에서나 상상했던 불가능한 것들을 컴퓨터는 실제로 일어나는 일처럼 재현할 수 있는 신통방통한 능력을 갖는다. 애니메이션의 눈부신 신화적 환상성은 어린이 동화의 세계로 전이되었고 영화의 신화적 상상력과 기교들은 소설의 글쓰기 기법을 획기적으로 바꾸고 있다. 실제로 현대 소설의 기법에서 환상성이 자리 잡은 것이 그 한 예라 할 수 있으며 영화를 보고 자란 많은 젊은 작가들의 글쓰기는 매우 이미지적이면서 영상적인 속성을 보이고 있다. 마치 소설을 읽어도 영화를 보고 있는 것 같은 착각이 들기도 한다.

2. 신화의 개념

신화는 로고스(Logos)에 대립되는 뮈토스(Mythos)의 개념으로서 다분히 허구적인 이야기 속성을 갖는다. 신화란 무엇인가에 대한 많은 학자들의 수많은 정의들을 볼 때 한마디로 규정하는 것은 불가능해 보인다. 그렇다면 각 나라에 가장 많이 퍼져 있는 신화를 살펴보는 것으로 신화의 정의를 거칠게라도 귀납적으로 추적해가는 방법은 일종의 합리적인 길 찾기일 것이다.

각 나라의 신화 중에서 창조신화와 영웅신화가 가장 흔하게 보인다. 한국신화의 소별왕 대별왕, 이집트의 누, 중국의 반고, 인도의 무유찬가, 고구려의 주몽, 북유럽의 오딘과 이미르, 그리스 · 로마의 크로노스, 우라노스와 제우스신화 등은 창조신화의 전형이라고 할 수 있다. 바리데기 신화와 삼신할미 신화, 이집트의 오시리스, 중국의 서왕모, 그리스 · 로마의 하데스, 북유럽의 요툰헤임과 같은 저승세계의 모습은 재생신화로서 창조신화의 또 다른 예라고 할 수 있고, 한국신화의 강림도령, 헤라클레스, 치수를 이룬 중국 우임금, 테세우스, 헤라클레스, 메소포타미아의 길가메시 등은 영웅신화의 전형이다. 또 전 세계적으로 퍼져 있는 홍수신화 역시 창조신화의 한 예라고 할 수 있는데, 한국의 오누이의 맷돌신화, 중국의 여와와 복희, 일본의 이자나기와 이자나미, 성경의 노아의 방주 등은 대홍수 후에 인류의 기원을 말해 주고 있다.

신화에서 세상은 창조와 재생의 과정을 겪는다. 중국의 혼돈의 신 제강의 경우에서처럼 혼돈에서 질서가 나오고 서양의 카오스에서 코스모스가 생기는 경우이다. 단군신화 역시 호랑이와 곰에게 인간의 질서를 가져다 준 창조의 과정을 가지고 있다. 신화에서는 하늘과 땅의 형성 과정을 설명한다. 중국의 반고신화와 북유럽의 오딘신화는 그러한 예라고 할 수 있으며 최초의 인간의 탄생에 대해서 많은 신화가 전해지고 있다. 중국의 여와가 사람을 만들었다거나 곰이 사람이 된 우리나라의 신화와 프로메테우스가 흙으로 사람을 만들어 입김을 넣어준 것은 모두 인간의 탄생을 설명하고 있는 신화다. 신화에서는 탄생만을 말하지 않는다. 우리는 신화가 죽음과 멸망도 함께 말하고 있다는 것에 주목해 볼 수 있다. 중국의 공공과 전욱의 싸움으로 세상이 홍수로 망하는 것과 노아의 방주는 그러한 멸망의 좋은 예라고 할 수 있다.

신화의 내용에서 빠질 수 없는 것이 가슴아픈 사랑 이야기라고 할 수 있다. 한국신화의 재기발랄하고 지혜로운 자청비의 사랑, 제우스의 자유분방한 사랑 행각에서부터 에로스와 프쉬케의 순결한 사랑, 오르페우스의 슬픈 사랑, 오이디푸스의 비극적 운명 속에 핀 사랑이 있다. 중국의 무산무녀인 요희의 슬픈 사랑이 있고 이집트 이시스의 죽은 남편을 살려 내는 희생적인 사랑이 있다. 또 적장을 사랑하는 아리아드네의 치명적인 사랑이 있고 자기 자신만을 사랑하는 나르시소스의 고독한 사랑이 있다. 혼자만의 사랑인 하데스의 사랑과 에코의 외로운 사랑도 있다.

지금까지 신화는 프레이저, 말레노브스키, 엘리아데, 프로이트, 융, 레비스트로스, 조지프 캠벨, 질베르 뒤랑, 중국의 원가와 왕대유, 일본의 나카자와 신이치, 한국의 김열규, 김화경, 송효섭, 정재서, 장영란, 이경재, 조현설, 신동흔, 나경수 등 많은 신화학자들에 의해서 연구되어 왔다. 대체로 접근 방법은 역사적 접근, 제의적 접근, 구조적 접근, 심리적 접근 등으로 나뉠 수 있다. 역사적 접근은 신화적 사건을 실재 역사적 사료 차원에서 검증하려는 연구이며, 제의적 접근은 일상생활에서 신화가 실현되는 주술적 역할에 관심을 두고 있다. 구조적 접근은 신화를 신화 자체가 아니라 신화가 다른 무엇을 대체한다는 것을 강조하고 신화에서 다른 의미를 찾고자 하는 경향을 가진다. 심리적 접근은 프로이드나 융의 학술적 경향을 따르는 경우인데 오이디푸스 신화를 오이디푸스 콤플렉스로 규정하고 엘렉트라 신화를 엘렉트라 콤플렉스로 재개념화 하고 있는 것을 그 예로 들 수 있을 것이다. 또한 소포클레스의 〈안티고네〉를 보면서 신권과 국가 권력의 갈등을 논하면서 자연법과 실정법을 논의할 수도 있을 것이다.

현대문화에 신화의 그림자는 여러 가지 형태로 나타나고 있다. 많은 영웅이야기에서부터 세상의 창조 원리, 사랑과 죽음에 대한 이야기, 여성이 담론의 전면에 나서면서 신화 속 여성을 재조명하는 것까지 다양하게 논의되고 있다. 먼저 신화 속에 나오는 영웅신화, 창조신화, 사랑신화, 죽음신화, 여성신화, 수호신 신화 등을 간략하게 살피고 각 장르에서 실제적인 작품을 대상화하여 논의를 구체화시키기로 하겠다.

III.

신화로 보는 현대문화

1. 영웅신화와 창조신화

(1) 영웅신화

왜 우리 시대는 영웅을 원하는가

인류의 역사가 시작되면서부터 영웅에 대한 이런 저런 이야기가 끊인 적은 단 한 번도 없었다. 영웅이란 무엇인가. 캠벨의 정의를 가져오자면 영웅은 과거 개인적, 지방의 역사적 제약과 싸워 이것을 보편적으로 타당하고 정상의 인간적인 형태로 환원할 수 있었던 남자나 여자를 말한다. 신화 속에는 무수히 많은 각각의 영웅 (건국 영웅, 시조 영웅, 종교 영웅, 문화 영웅, 전쟁 영웅)들이 존재하는데 비단 이러한 인물들이 신화에서만 존재하는 가상의 존재는 아닌 듯하다. 캠벨의 영웅 분리에 의하면 전사로서의 영웅, 애인으로서의 영웅, 황제나 폭군으로서의 영웅, 구세주로서의 영웅, 성자로서의 영웅이 있다(캠벨, 1999). 그러나 우리 시대는 이러한 영웅 이외에도 수많은 스포츠 영웅을 일컬어 우리 시대의 신화라고 말한다. 축구의 신화, 골프의 신화, 야구의 신화 등 많은 스포츠 선수들이 신화의 대열에 끼어서 그 이름을 빛내고 있다. 선도적인 과학 연구를 수행한 과학자의 이름 앞에도 신화는 붙여지며, 세계적인 기업을 이끈 기업가의 이름 앞에도 신화는 붙여지며, 또한 모든 사람을 감동시키는 훌륭한 영화를 만든 영화 감독들의 이름 앞에 주저 없이 신화라는 화려한 명사 수식어를 붙인다. 그런데 신화가 되기 위해서는 반드시 거쳐야 되는 통과의례적인 몇 가지 단계가 있기 마련인데, 그것은 화려한 현재의 모습 뒤에 있는 가난하고 고생이 뒤범벅된 후미진 과거가 있다는 점이다. 그러한 과정을 거쳐서 그들의 신화적 과업은 더욱 빛을 발하는 것이다. 여기에는 보통사람들의 대리충족의 기제가 깔려져 있음을 알 수 있다. 신화 속의 인물들은 저마다 출생이 남다르거나 성장 과정에서 시련이 남달라야 한다. 신화 속에서 유명한 영웅들은 어떤 공통점이 있는가. 캠벨의 말처럼 출생의 분리에서 성장의 시련을 거쳐 마침내 귀환하는 구조라면 왜 이들은 그러한 과정을 거쳐야만 하는가.

그 대답의 실마리를 테세우스라는 영웅에게서부터 찾아볼 수 있다. 태세우스는 묻혀 있는 보물이라는 뜻을 가진

■ 테세우스 : 미노타우로스를 죽이고 미궁에서 빠져나온다.

다. 테세우스의 삶은 이름의 상징처럼 계속적으로 자기가 누구이며 무엇을 찾아야 하는지 고민하게 되어 있다. 청년으로 성장하면서 출생의 비밀을 들은 그는 신표를 찾아 아비를 찾아가는 여행을 하면서 갖은 고난을 겪는다. 노르웨이의 지크프리트의 이야기 역시 영웅신화의 대표적인 예라고 할 수 있다. 이 영웅신화는 헤라클레스신화, 페르세우스신화, 멕시코의 케찰코아틀신화 등과 비슷한 맥락에서 이해될 수 있는 신화이다. 바그너의 오페라 〈반지〉 때문에 더욱 유명해진 인물이며 최근 영화 〈니벨룽겐의 반지〉로 대중화되었다. 지크프리트는 승리와 평화라는 뜻으로 전쟁 영웅 지그문트(승리-입)와 지클린데(승리-보리수) 사이에 태어났다. 지그문트는 왕 알베리히를 보호하는 위대한 전사였는데 왕 알베리히에게는 위대한 반지가 있었다, 반지의 임자가 세상의 지배자가 될 것이라는 예언이 있었는데 지크프리트는 그러한 운명을 타고 났다. 부모는 죽고 미메라는 난쟁이에게 키워진 지크프리트는 반지를 차지하려는 미메의 흉계를 알아내고 그를 처치한다. 지크프리트는 용을 없애고 반지를 구할 수 있는 노트홍이라는 칼을 완성시킨다. 지크프리트는 용을 죽이고 반지를 구하지만 반지에 걸린 주문(반지의 주인은 누군가의 배신에 의해 죽음)을 피해가지 못하는 비극적인 영웅이 되고 만다(비얼레인, 1996:246-252).

이와는 다른 문화 영웅들도 존재하는데 중국의 농업과 의약의 신 염제와 활의 명수인 예라는 영웅 신과 그리스의 프로메테우스 신이다. 이들은 인간 생활에 필요한 것을 가져다 준 죄 때문에 시련을 겪었던 신들이다. 먼저 중국의 신농씨 즉 염제는 소머리를 하고 있는 신이다. 염제는 불꽃이라고 불리는 불의 신이다. 불의 신은 농업의 신이라고 불렸는데 인류에게 많은 은혜를 베풀어준 고마운 신이다. 수렵사회에서 농경사회로 이동하는 과정에서 생겨난 신이라고 하는데 의약의 신이기도 했다. 한의학의 창시자로 염제는 세상의 모든 풀을 먹어서 약초와 독초를 구별했으며 결국 그가 죽은 이유도 독초가 창자를 끊었기 때문이다(정재서, 2004:145-156). 예라는 신 역시 인간을 위해 노력하다가 고난을 겪는 신인데 태양과 관련되어 있다. 요제 때의 일이다. 태양신의 어머니 희화가 낳은 열 태양이 번갈아가며 천상에 올라가 있는 동안은 태평하였지만 열 태양이 한꺼번에 하늘을 건너가기 시작하자 지상은 삽시간에 아수라장이 되어버렸다. 희화는 후예를 파견해서 이 일을 수습하게 하였다. 지상에 내려간 후예는 훌륭한 활 솜씨로 아홉 태양을 쏘아 맞추어 떨어뜨려 버렸다. 그 덕분에 세상은 다시 평화로워졌으나 후예의 매몰찬 수습에 태양신은 화가 나서 후예와 그의 부인 항아를 지상에 추방시켜 버린다(정재서, 2004:205-212). 프로메테우스 역시 인간에게 불을 훔쳐다 준 죄 때문에 제우스에게 벌을 받게 되는데 그것이 그 유명한 독수리에 쪼이는 프로메테우스의 간이다. 염제, 예 그리고 프로메테우스는 인간을 위해 고난의 길을 감수한 문화영웅 신이라고 할 수 있다. 한국신화에도 강림도령이라는 남성 영웅신과 인류에게 오곡을 가져다 준 자청비라는 문화 영웅이 존재한다. 강림도령은 용감하고 총명해서 저승세계의 염라대왕까지 잡아올 수 있었다. 〈세경본풀이〉의 자청비는 사랑하는 목도령을 찾아서 갖은 고초를 모두 헤쳐 나가서 시아버지 옥황상제에게 최후의 통과제의인 시퍼런 칼날을 건너 급기야 자신의 사랑을 완성해 간다. 그러나, 그녀는 시아버지가 주겠다는 땅 대신에 오곡을 선물로 받는다. 그리고 당당히 오곡을 가지고 땅으로 내려와 곡모신이 되는 문화 영웅이다.

영웅들의 탄생은 하나같이 특별하다. 그런데 이러한 영웅들에도 하나의 흠이 있을 수밖에 없다. 길가메시의 인간적 면모, 시지프스의 무익한 노력, 다이달로스의 위험한 재주, 아킬레우스의 치명적인 약점, 작은 나무에 죽어야 하는 북유럽의 발두르 등이 그것이라고 할 수 있다. 영웅의 흠은 우리를 영웅과 더욱 밀착시키는 인간적인 효과를 가진다. 영웅의 작은 실수나 흠은 일반인들에게 일종의 정신적인 여유를 주는데 이것은 추앙의 대상에게서 느끼는 인간적인 애정같은 것이라 할 수 있다. 길가메시를 신들이 창조할 때 그에게는 완전한 육체가 주어졌다. 위대한 태양신 샤마시는 그에게 아름다움을 주었고 폭풍의 신 아닷은 용기를 불어넣어 주었으며 그 외의 많은 신들은 거대한 들소처럼 강한 힘을 주었으며 보통사람을 능가하게 하였다. 3분의 2는 신으로 3분의 1은 인간으로 만들어졌다고 전한다. 그러한 길가메시는 자신의 친구 앤키두의 죽음으로 인간의 유한한 삶에 대해서 번민하게 되는 고통을 가진다. 그가 영생의 약초를 구해서 잠시 쉬고 있는데 뱀이 와서 그것을 먹어버린다. 영웅의 비범함이 일순간에 사라지는 순간이다. 신의 능력이 훨씬 많은 길가메시가 어떻게 하찮은 인간이 저지르는 실수를 범할 수 있는가.

시지프스는 죽음을 결박하고 신들을 속인 죄로 가파른 언덕 위에서 커다란 바위를 올리고 그 바위가 다시 떨어지면 또다시 바위를 굴려 올리는 헛된 수고를 영원히 해야 하는 벌을 선고 받는다. 죽음을 결박하고 싶은 것은 모든 인간의 욕망일 것인데 시지프스는 그러한 욕망의 대리충족자이지만 결국 인간이 죽을 수밖에 없는 운명을 가지고 있다는 것을 보여준 유한성을 가진 영웅이라고 할 수 있다. 다이달로스는 모든 것을 자유자재로 만들고 싶은 만능인에 대한 인간의 무한한 절대 욕망이 투사된 영웅이다. 그러나 그는 장인 및 과학자 중에서 기이할 정도로 냉담하고 악마적인 현상의 상징이며 사회정의의 정상적인 경계를 넘어 자기 시대의 도덕률이 아닌 자기 예술의 도덕률에만 봉사하는 인간의 유형이다(캠벨, 1999). 인간의 끝없는 만능에의 욕구는 다이달로스가 만든 이카루스의 날개처럼 추락하고 만다. 무모한 인간의 욕망이라는 날개는 추락하는 운명을 비껴가지는 못한다.

아킬레우스는 캠벨의 분류로 보자면 전사로서의 영웅이라고 할 수 있다. 호메로스의 원작 〈일리아스〉와 〈오디세이〉를 혼합해서 만든 영화 〈트로이〉에서 아킬레우스는 탄생에 있어서부터 영웅으로 점지된 선택받은 인간이다. 바다의 요정 테티스는 자신의 아들 아킬레우스를 불사신으로 만들고 싶었다. 그도 그럴만한 것이 요정 테티스는 신과 결혼하면 모든 신을 능가하는 가장 강력한 신을 탄생시킨다는 예언 때문에 졸지에 인간 펠레우스와 결혼한 불행한 여신이다. 사랑하는 사람들의 죽음을 먼저 경험해야 하는 것은 가장 비극적인 삶일 것이다. 그래서 테티스는 흐르는 강물에 아킬레우스를 담갔는데 발뒤꿈치만은 물에 닿지 못하고 말았다. 그러나, 불세출의 영웅 아킬레우스도 트로이 전쟁 때 파리스가 쏜 화살로 발뒤꿈치를 맞고 죽음에 이르게 된다. 이 불사 영웅의 허망한 죽음은 보는 사람들에게 아쉬움을 주고 그의 영웅성을 더 증폭시켜 주는 역할을 한다.

북유럽의 발두르 역시 이러한 허망한 죽음의 주인공인데

어머니 프리그는 세계를 돌면서 불이나 나무에게, 쇠를 비롯한 금속들에게, 돌이나 짐승이나 새에게 발두르를 해치지 않겠다는 맹세를 악착같이 받아낸다. 그런데, 단 하나 어리고 작은 겨우살이 나무에게만은 약속을 받아내지 못한 것이다. 이것을 들은 로키는 그 어리고 작은 나무로 창을 만들어 호드르에게 발두르를 죽이게 한다. 영웅은 이렇게 허망하게 죽어가거나 심한 고난을 겪어야만 한다. 인간이 가지는 오만을 경계하고 있는 듯하다. 모든 것이 갖추어졌다고 자만하는 순간 인간은 가장 치명적으로 소중한 것을 놓치고 있는 경우가 종종 있기 때문이다.

영웅의 삶은 우리를 어떻게 변화시키는가

영웅은 탄생에 있어서부터 일반인들과는 다르게 매우 기이한데 대표적으로 처녀 잉태가 바로 그것이다. 우리나라의 당금애기의 처녀 잉태와 유화의 처녀 잉태가 있고, 서양에는 마리아의 처녀 잉태와 아테나의 처녀 잉태를 들 수 있다. 처녀 잉태란 아버지가 분명치 않거나 아버지가 없는 경우인데 이때 아버지는 천지의 기운인 태양으로 상징되며 처녀 어미는 위대한 지모신의 상징이라고 말할 수 있다. 영웅의 이야기에 나오는 비현실적인 탄생과 행위는 영웅 이야기를 모순되게 느껴지게 하기보다는 오히려 인간세계의 아름다움을 부과하며 영웅의 규범적 면모는 인간 종족의 풍요로움과 정의를 실현시킨다(김헌선, 2002:13-26). 영웅신화는 영웅이 지니는 평범한 삶 속의 비범한 면모를 극대화해서 확대 기술하는 것이 특징인데 이는 집단의 이상이 배어 있는 것이라고 할 수 있다. 집단의 이상이라는 측면에서 신화가 그 의미를 갖는다는 것은 뒤르켐이 집단이상이나 집단표상으로 종교의 본질을 보는 것과 맥을 같이 하는 견해이다.(이경재, 2002:292) 영화와 애니메이션의 세계관의 상당 부분이 영웅 이야기인 것은 바로 현대인의 집단의식의 표출이라고 볼 수 있다. 애니메이션 〈인크레더블〉, 〈라이온 킹〉, 〈뮬란〉은 대표적인 영웅신화이며 영화 〈와호장룡〉, 〈반칙왕〉, 〈매트릭스〉, 〈트로이〉, 〈알렉산더〉, 〈아더왕〉, 〈킹덤오브해븐〉, 〈황산벌〉, 〈배트맨〉, 〈스파이더맨2〉, 〈아이언 맨〉, 〈어벤저스〉 등 셀 수 없을 정도로 많은 영웅 이야기들이 스크린을 채우고 있다.

이렇게 많은 영웅들의 이야기가 문화의 중심에서 계속 거론되고 회자되는 것은 어떤 이유에서일까. 현대를 살아가는 많은 사람들은 과거에 살았던 사람들이 그러했듯이 고단한 삶의 짐을 덜어줄 수 있는 뛰어난 인물이 출현하기를 간절히 바라며 또 당시의 난국을 초인적인 힘으로 거뜬히 수습해 주기를 희망한다. 따라서 영웅에 투사된 욕망은 자기의 내면에서 투사하고 싶은 욕망의 자기반영적 분출일 것이다. 에르네스트 르낭에 의하면 민족 구성원들에게 함께 하는 고통은 기쁨보다 훨씬 더 사람을 단결시키기 때문에 민족의 위기 때 영웅이 겪은 고난과 승리는 대중에게 강력한 감정

이입을 가능케 하는 국민적 신화로서 재탄생할 수 있게 된다. 영웅이란 그저 그런 인물이 아니라 국민을 창출하고 그들을 하나로 묶어 주는 중요한 수단이 된다. 여기에 근대적 영웅의 특성이 있다고 말한다(박지향, 2005:22).

과거에 영웅신화의 문화적 차용이 비범한 탄생과 비범한 행적에 맞추어져 있다면 현대판 영웅의 재현은 지극히 소소하고 일상적이라는 데 그 특징이 있다고 하겠다. 애니메이션 〈인크레더블〉, 영화 〈반칙왕〉과 〈스파이더맨 2〉의 경우 영웅의 일상은 지극히 초라하기 그지없다. 자기의 자아조차도 잘 인식하지 못하는 덜 떨어진 주인공들이 일상의 삶 속에서 좌절과 고통을 이겨내면서 더 큰 자아를 이루어가고 더 나아가 다른 사람들에게 힘과 용기가 된다는 것이다. 이러한 지점을 영웅의 신적인 상태(divine state)라고 할 수 있는데 의식의 외피가 벗겨져 나가고 모든 공포에서 자유로워지고 변화의 경계를 넘어서게 된 상태이다(캠벨, 1999:196).

그렇다면 현대의 영웅의 정의가 조금은 바뀌어간다고 단언해도 좋을 듯하다. 개인의 영웅성이란 무엇인가라고 자문해볼 때 한 자아가 인류에게 어떻게 기여하고 폐해를 끼치는가에 대한 자아 각성적 영웅이 진정한 영웅이 될 것이다. 보다 더 나아가 자아를 둘러싸고 있는 세계에 보다 더 긍정적인 영향을 주면서 세상을 발전적으로 만드는 데 힘을 보태는 영웅의 출현이 더 절실해지고 있다. 이미 우리 시대에는 헤라클레스나 테세우스 등의 비범한 영웅의 모습은 사라지고 없다. 단지 거대한 사회조직의 부품이 되고 있는 소자아적인 영웅만이 세상에 남아있을 뿐이다. 아마도 질베르 뒤랑이 말하던 '행복한 시지프의 바위'란 바로 이러한 신화의 세계일 수 있을 것이다. 그에 의하면 하나의 신화가 포화상태에 이르러 쇠퇴하고 소멸하게 되면 인류가 이미 알고 있던 신화가 새롭게 다시 등장하게 된다. 신화의 작용은 끊임없이 되풀이되며 이런 끊임없는 신화적 몽상 때문에 인류는 희망을 갖고 살아올 수 있었다(질베르 뒤랑, 1996:64). 따라서 희망을 가지고 살아야 하는 우리 시대에 진정한 영웅신화의 현실적 완성은 초인적인 영웅의 목적 달성이 아니라 작은 인간의 큰 성공일 때 영웅신화는 비로소 의미가 있는 것이다. 이러한 맥락에서 시드니 후크가 지적한 대로 '모든 사람은 영웅'이라는 슬로건이 민주주의 사회의 이상으로 상정될 수 있다. 그러나 이것의 실현 역시 여전히 유토피아적 생각이라고 지적하고 있다(박지향, 2005:30).

(2) 창조신화

인간과 세계는 어떻게 창조되었는가

인간과 세계는 어떻게 창조되었는가. 세상을 창조한 신화소는 우주 창조, 신 창조, 인간 창조 등의 세 가지 분류가 있을 수 있는데 주로 없음에서 있음을 창조하는 행위라고 볼 수 있다(김헌선, 2002:14). 우주 창조는 우주가 어떻게 형성되었는지에 대해서 설명해 주는 신화의 형태이며 그 대표적인 예가 중국의 반고신화와 북유럽의 이그드라실이라는 우주목의 세계에 의한 구분을 들 수 있겠고 우리의 민간 신화로 보면 마고할미 신화를 들 수 있다. 신 창조는 인간과 변별되는 신들이 어떻게 세상을 지배했는지 보여주는 것으로 그리스 신화의 신들의 세계가 그 대표적인 예라 하겠다. 인간의 창조는 모든 신화에서 우주와 신들의 세계가 형성이 되고 난 후에 이루어지는 마지막 단계이다. 흙으로 인간을 만들었다거나 알에서 인간이 탄생했다거나 동물이 인간으로 변신했다는 것이 그러한 예라고 할 수 있다. 이와 같이 세 가지 유형으로 나누는 창조신화의 구분은 다소 겹치는 지점들이 많을 수 있다. 예를 들어 반고신화와 한국의 거인 할미신화 혹은 마고할미 신화는 거인이 등장하면서 땅과 하늘이 갈라졌는데 이는 우주의 창조와 신의 활동이 거의 동시에 일어나고 있음을 보여 주고 신들의 창조와 인간의 창조가 거의 동일하게 진행되는 경우는 인간과 신의 교류가 활발한 그리스신화나 신과 인간의 구분이 명확하지 않은 동양신화에 모두 적용된다. 동양신화의 경우 역사의 임금들 예를 들어 요나 순 임금은 신화의 인물이면서 역사의 인물이기도 하다. 그렇다면 이러한 분류에서 오는 겹침을 해소하기 위해 이강엽의 창조신화의 구분법을 가져와 살펴보면 창조에는 자연스러운 창조와 절대자가 만드는 창조가 있다는 것이다. 이는 캠벨이 창조신화를 나눌 때 존재론적 일치의 창조신화와 인격적 관계의 창조신화로 나눈 것과 비슷한 발상이라고 볼 수 있다. 이 역시 배타적으로 분화되기보다는 약간씩 공분모를 가지고 혼융되고 있다고 말한다. 또한 세상을 선에 의한 창조, 선과 악의 공존된 창조, 선과 악의 구분이 존재하지 않는 창조 등으로 삼분화 시키기도 한다(이강엽, 2004:76-78). 이러한 신화의 분류들 역시 나름대로 의의는 있지만 많은 부분이 중첩되어 나타나고 있으므로 절대적인 잣대가 되기는 어려울 듯하다.

창조신화 분류 체계의 또 다른 예로서 창조신화를 알과 닭의 아포리아로 풀어가고 있는 예를 살펴보자. 창조신화의 원천을 알에서 보는 것으로 이는 모성신 계통의 창조신화라 할 수 있고 창조의 근원을 닭에서 보는 것은 부성신 계통의 창조신화라 할 수 있다. 또한 창조를 '스스로 그러한' 자연의 순환과정으로 보는 것이 있는데 이는 알과 닭의 영원한 순환 자체를 강조하는 것이다(이경재, 2002:218-219). 주지하다시피, 우리나라의 탄생담은 알과 밀접한 관련이 있다. 고구려의 주몽, 가야의 김수로, 신라의 혁거세 등이 모두 알에서 탄생한 영웅들인데, 이는 비단 우리문화만의 한정된 특징은 아니다. 안남이라고 불리던 베트남에는 남신 락롱꿔와 여신 어우꺼 사이에 100개의 알이 생겼고, 그 알을 절반 씩 나누어 육지와 바다에서 부부가 각각 살아간다. 현재 베트

남의 수많은 소수민족들을 설명해주는 신화적 진실이다.

또한 창조신화에 나오는 신화소를 중심으로 해석해 나가는 방법도 있을 수 있겠다. 그러한 해석의 단초를 비얼레인의 창조신화에 대한 주석인 뱀, 물, 나무에 대한 설명에 기대서 창조신화를 새롭게 바라볼 수 있을 것이다. 이를테면 뱀은 창조신화에 공통적으로 등장하며 여러 가지 흥미로운 방식으로 해석되어 왔다. 뱀을 남근의 상징으로 바라보는 것이 가장 일반적인 해석인데 조셉 캠벨의 〈신의 가면 : 서양신화〉에서 '뱀의 신부'라는 장은 그러한 예를 잘 보여 주고 있다. 뱀은 하늘과 땅의 중개자 노릇을 하고 있다는 것이다. 그리스신화와 창세신화에서 여자의 발꿈치로 뱀의 머리를 찧는다는 것은 모권사회에서 부권사회로 넘어갈 때 여자들과 남자들 사이에 투쟁이 있었음을 암시하는 것이다. 뱀이 많이 나오는 동남아시아의 나라들에는 뱀의 상징이 많이 등장하고 있음을 볼 수 있는데, 특히 시암국이라고 불리던 태국이라는 나라에서 뱀은 중요한 상징물이 되고 있다.

물 역시 창조신화에서 빠지지 않는 요소인데 물은 융의 표현대로라면 무의식에 나타난 꿈의 상징이며 지혜의 상징이다. 성서의 세례가 의미하듯이 죄를 씻고 새로 태어남을 뜻한다. 따라서 세계 각처에서 보이는 홍수신화가 창조신화의 중요한 도구가 되는 것도 이해할 수 있을 것이다. 실제로 세계의 주요 창조신화를 보면 세상이 창조되고 나서 인간의 잘못에 의해서 큰 홍수가 일어난다. 우리나라 장자

못 전설을 비롯해 중국의 뇌공과 전욱의 싸움으로 일어난 홍수 속에 살아난 복희와 여와, 성서에 나오는 노아의 방주 이야기, 그리스 로마신화에 나오는 데우칼리온과 퓌라의 신화, 바빌로니아의 우트나피시팀, 이집트의 홍수신화 등 많은 홍수신화의 기저에는 물에 대한 신화적 상상력이 깔려 있다. 대홍수가 지나간 세상엔 지극히 소수의 살아남은 자들의 세상 만들기가 다시 시작되는 것이다. 인류는 홍수와 같은 자연 재해를 통해 소멸을 읽기도 하지만 동시에 부활을 다시 기록하기도 한 것이다.

나무 역시 신화에서는 빠질 수 없는 상징물이다. 창조신화에서 나무는 거의 빠지지 않고 등장하는 상징체인데 뱀의 상징성과 마찬가지로 인간과 하늘의 중개자 역할 때문이다. 나무의 뿌리는 땅 속 깊이까지 뻗으며 가지는 하늘을 향해 뻗어 있다. 비얼레인의 지적대로라면 땅의 뿌리는 어머니의 세계이고 가지는 아버지의 세계라는 것이며 어떤 나무는 수백 년을 살 수 있는 불멸의 상징이다. 노르웨이 신화, 페르시아신화, 알공킨신화에서는 인간이 나무로부터 창조된다(비얼레인, 1996:130). 우리의 단군이 신단수로 내려오고 오딘의 지혜가 이그드라실이라는 우주목에서 생기며 부처가 보리수 나무 아래에서 깨달음을 얻고 예수는 나무 십자가에 못 박혀 죽는다. 캠벨 역시 나무의 불멸성을 강조하기도 했는데 크리스마스 트리도 이러한 불멸의 상징이라고 할 수 있을 것이다. 거리에 나란히 서 있는 하늘을 우러러 서 있는 솟대들의 행렬이 묘한 향수를 일으키는 것은 아마도 이러한 나무의 신화 상상력이 우리의 정서에 호소하는 그 무엇일 것이다.

인간과 세계는 어떻게 지속되어야 하는가

창조신화를 바라보는 여러 가지 관점을 들여다보면 각각의 방법들이 모두 그 나름대로 의의가 있지만 창조신화를 풍요롭게 바라보는 관점으로 물, 뱀, 나무 등의 신화소에 의한 해석을 들 수 있다. 이 외에도 결혼, 홍수, 잠에서 깨어남, 외로움, 근친혼, 여성과 남성의 관계, 자모신과 공모신, 유토피아 등 다양한 주제에 의해 창조신화를 재해석할 수 있을 것이다. 이러한 신화소에 의한 창조신화의 주제론적 해석은 현대문화의 신화성을 읽어나가는 유용한 방법이 될 것이다. 신화 주제소에 의한 현대문화 독해는 여러 분야에서 유용한 독해법이 될 수 있다. 이를테면 '잠에서 깨어남'이라는 신화소를 통해서는 〈반고의 신화〉와 우리나라 〈거인할미〉의 세상 창조를 들 수 있겠고 그로 인해 동화 〈마고할미〉의 해석은 창조신화로 자연스럽게 읽혀질 것이다. '결혼과 홍수'라는 신화소로 중국, 일본, 한국 등 동양의 창조신화가 읽혀질 수 있으며 그러한 상상력은 이청준 소설 『서편제』와 황순원 소설 『소나기』 등을 창조신화적 관점에서 읽어갈 수 있을 것이다. 나무와 숲의 자연 정령신 사상에 의한 창조신화는 애니메이션 〈월령공주〉의 독해를 풍요롭게 해줄 것이며 물이라는 상상력에 의해 애니메이션 〈아이스 에이지〉 역시 창조신화의 독해법으로 읽힐 것이다. 또한 유토피아적 관점으로 창조신화를 본다면 영화 〈웰컴투 동막골〉은 창조신화의 이상적 모델이 될 것이며 온라인 게임의 〈창세기전〉 역시 그러한 창조신화로 읽을 수 있을 것이다. 창조신화의 역할은 인간의 근원에 대한 질문이 계속되는 한 항상 우리의 문화 속에서 재해석될 것이며 그 의미 역시 생산적으로 해석될 것이다. 인간이 어디로 가야할지 목표를 잃어버릴 때 우리는 다시 신화를 찾는다고 말한다. 이는 구한말 우리나라의 선각자인 수운 최제우가 '다시 개벽'이라는 말을 쓴 것에서도 이와 같은 일종의 창조 신화 상상력을 찾을 수 있다. 특히 신화 중에서도 창조신화는 인간 존재의 시원을 밝혀 주고 있기 때문에 현실의 삶과 인생의 이정표와 같은 역할을 하고 있음을 부인할 수 없다.

2. 사랑신화와 죽음신화

(1) 사랑신화

사랑의 이야기가 그 자체로 삶을 풍요롭게 한다

신화에 나타난 신화소 중에서 매우 매력적인 부분이 아

마도 사랑일 것이다. 신화 속의 사랑 이야기는 형태만 조금 바뀌었을 뿐 현실의 사랑 이야기와 별반 다르지 않는 동일한 이야기들이다. 신화 속의 무수히 많은 사랑 이야기를 몇 가지 형태로 나누어 살펴보도록 하자. 그런데 이 사랑이라는 신화소에 있어서는 영웅신화와 창조신화에서 보이는 것처럼 동서양 신화에 균일하게 나타나지는 않고 다소 서양신화에 더 두드러지게 보이고 있는 경향이 있다. 이는 동양이 유교적 사회질서에 의해서 유지되어 왔던 역사 때문인 것으로 보인다. 한국신화에 내려오는 사랑 이야기는 유교적 사회질서 구축 때문에 그 질감이 동양의 사유와 비슷하지만 내용 면에서 매우 다양하고 독특한 상상력에 기반을 두고 있는 이야기들이 많다.

동서양의 사랑을 몇 가지 유형으로 나누어보면서 논의를 전개시킬 수 있다. 첫째, 사랑에 가장 중요한 덕목은 믿음이라고 할 수 있는데 그러한 믿음에 의한 유명한 사랑 이야기는 에로스와 프쉬케의 사랑일 것이다. 에로스의 말을 믿지 못한 프쉬케의 의심은 결국 그들의 사랑이 험난해지도록 자초했다. 반면 믿음과 소망에 의해 사랑을 쟁취한 이야기인 피그말리온의 사랑이 있다. 피그말리온은 대리석상을 깎아서 여자를 만들고 여인이 정말 살아있는 사람이 되기를 아프로디테에게 간절히 소망한다. 아프로디테는 대리석상에 생명을 불어넣어준다. 믿음과 소망이 사랑을 성취시킨 예라고 할 수 있다. 한국신화 〈세경본풀이〉의 자청

■ 에로스와 프쉬케 : 의심의 유혹을 떨치지 못한 프쉬케를 떠나는 에로스.

비는 자신과의 약속을 저버린 문도령을 기다려 사랑을 성취하지만 기다림의 소극성이 아니라 적극적으로 찾아 나서는 능동적 사랑을 보여 주며, 〈삼공본풀이〉의 가믄장아기는 자신의 운명을 개척해나가면서 자신의 사랑까지도 스스로 찾아간다. 그녀는 자신을 버린 부모님을 저버리지 않고 남편을 스스로 구하며 사랑 찾기에 성공한 여성이다.

둘째, 짝사랑의 주인공들을 들 수 있겠다. 대표적인 짝사랑의 주인공은 아폴론인데 그는 다프네에게 자신의 사랑을 구걸하지만 그녀는 계속해서 도망만 다니다 결국 월계수 나무가 되어버린다. 혼자서만 좋아하는 신화 속 인물에는 헤파이스토스도 빼놓을 수 없다. 그는 부인 아프로디테에게 잘 대접받지 못한 것으로 나오는데 어느 날 대장간에 찾아온 아테나에게 구애하다가 그만 그녀의 허벅지에 사정을 하고 만다. 아테나는 얼른 그것을 땅에 털어버렸는데 그때 땅에 떨어진 정액에서 태어난 아이가 훗날 아테네의 왕이 되며 아테나는 그 도시의 수호신이 된다. 메아리가 되어버린 에코의 사랑도 빼놓을 수 없는 슬픈 이야기이다. 에코는 자신만을 사랑하는 남성 나르시소스를 사랑하게 되는 비극적인 주인공인데 자신의 말은 하지 못하고 남의 말만 되풀이해야 하는 재앙에 걸리고 만다. 결국 목소리만 남게 되는 슬픈 짝사랑에 해당한다.

셋째, 사랑에는 잔인한 사랑이 있고 슬픈 사랑이 있다. 잔인한 사랑은 슬프기보다는 무섭고 위험해 보인다. 황금 양털을 찾으러온 이아손을 사랑했던 메데이아는 가장 잔인한 사랑을 한 여인에 속한다. 적장 이아손을 사랑해서 친족을 살해하는 끔찍한 짓을 저지르고 만다. 불행히도 그녀의 사랑은 이루어질 수 없었던 비극에 속한다. 테세우스에게 반한 미노스의 딸 아리아드네 역시 잔인한 사랑의 주인공이다. 그녀는 적국의 재물로 온 테세우스를 보고 첫 눈에 반해서 미궁에서 미노타우로스를 무찌르고 무사히 빠져나올 수 있도록 실을 준 여인으로 유명하다. 그러나 그녀의 헌신에도 불구하고 결국 그녀의 사랑도 결실을 이루지 못하는 것이다. 우리나라의 낙랑공주 역시 적국 고구려의 장수 호동왕자에게 속아 자기 나라의 자명고를 칼로 찢어 버린다. 그로 인해 고구려의 침입을 받은 낙랑국의 왕 최리는 자신의 딸을 죽이고 고구려에 항복한다. 이렇게 적국의 연인을 사랑한 것에는 가혹한 결말이 주어진다. 그러나 슬픈 사랑은 가슴을 따뜻하게 적셔준다. 중국의 무산무녀의 사랑은 매우 안타깝다. 무산무녀는 염제의 셋째 딸 요희를 말함인데 그녀는 어린 나이에 요절하고 만다. 그리고 요초라는 풀로 거듭나게 되는데 이 요초의 열매는 사랑의 묘약이었다. 전국 시대 초나라 희왕이 무산에 구경 왔다가 꿈속에서 요희와 사랑을 나눈다. 그러나 그들의 사랑은 그걸로 끝이었다. 그녀는 아침에는 구름으로 밤에는 비가 되어 내릴 수밖에 없는 운명인 것이다. 빼놓을 수 없는 슬픈 사랑의 주인공은 견우와 직녀이다. 재능을 겸비한 절세미인이었던 직녀는 남편 견우를 만나고는 더 이상 베도 짜지 않고 천제(天帝)인 아버지도 만나러 오지 않는다. 서운한 천제는 딸과 사위를 은하수 양쪽 끝으로 보내고 일 년에 한 번만 만나라고 명령한다. 견우직녀의 이별의 눈물이 바로 칠월칠석날 비로 내린다는 것이다. 사랑하는 연인들이 이렇게 서로를 보지 못한다는 것은 슬픈 일이다.

넷째, 신화에는 신발 한 쪽을 찾아서 사랑을 쟁취한 신데렐라들이 많이 있다. 우리가 알고 있는 신데렐라는 프랑스의 이야기라고 전해진다. 나카자와 신이치에 의하면 신데렐라는 저승의 세계를 자유롭게 왕래할 수 있는 능력을 가진 샤먼적인 존재 즉 문지방적 존재(Liminal)였다는 것을 알 수 있다. 프랑스의 〈상드리옹〉은 신데렐라라고 불리는 여성인데 '재투성이 엉덩이의 아이'라는 뜻이다. 우리가 익숙하게 알고 있는 신데렐라 즉 마음씨 나쁜 계모와 두 딸의 이야기인데 상드리옹은 이들의 행패를 전혀 고자질하지 않는다. 무도회에 가고 싶지만 갈 수 없는 그녀에게 요정이 나타나 호박으로 마차를 만들고 산쥐 여섯 마리로 훌륭한 말을 만들고 시궁쥐로 마부를 만든다. 도마뱀 여섯 마리로 하인을 만들고 그녀를 아름답게 변신시켜 주고 유리 구두까지 만들어 준다. 그 이후는 우리가 익히 알고 있는 이야기이다. 결국 상드리옹은 왕자와 결혼한다. 독일의 그림형제의 〈재를 뒤집어 쓴 소녀〉 역시 이와 비슷한 구조이지만 개암나무가 등장하고 콩이 등장해서 소녀를 구해준다. 아궁이와 나무와 새 그리고 콩 등 신화적인 매개체가 많이 등장하고 있다. 우리나라에는 〈콩쥐와 팥쥐〉가 있고 중국의 경우 물고기 뼈로 요술을 부린 〈섭한〉의 이야기가 있다. 포르투갈에서는 물고기와 결혼한 〈아궁이 고양이〉라는 이야기가 전해지고 있으며 북아메리카 미크마크 인디언에게는 〈보이지 않는 사람〉과 결혼한 인디언의 신데렐라가 전해져 온다. 이러한 신데렐라 이야기는 전 세계적으로 넓게 분포되어 있는데 이러한 이야기는 현실 속에서 해결 불가능한 다양한 문제들을 중개 기능을 이용해서 논리적으로 해결해 가고자 하는 의도로 읽힌다(나카자와 신이치, 2003).

다섯째, 신화에는 참으로 믿기 어려운 이상한 사랑 이야기가 많이 전해진다. 황소를 사랑했던 미노스의 왕비 파시파에는 결국 미노타우로스라는 괴물을 낳기에 이르고 재간꾼인 헤르메스는 암양을 사랑한 신으로 유명하다. 테세우스의 아내인 파이드라는 아리아드네의 언니인데 그녀는 전처의 소생인 히폴뤼토스에게 사랑을 구애하다가 실패하자 아들을 모함하는 거짓 유서를 쓰고 자살하는 것으로 혀용

되지 않은 자신의 사랑을 복수한다. 거짓 유서 때문에 테세우스는 자신의 무고한 자식을 죽이는 불행을 겪는다. 뷔블로스라는 여자는 오빠인 카우노스를 너무 사랑한 나머지 오빠에게 고백하지만 그녀의 오빠는 그녀가 없는 곳으로 도망가 버린다. 방황하다가 죽어간 뷔블로스의 눈물은 샘이 되고 만다. 또 아버지를 사랑했던 스뮈르나는 아버지 몰래 아프로디테 여신 축제 때 아버지와 동침해서 아이를 가진다. 결국 아버지는 그 사실을 알게 되고 그녀를 죽이려 할 때 아프로디테는 그녀를 나무로 만들어준다.

위에서 언급한 사랑 이야기 이외에도 헤아릴 수 없을 만큼 많은 신화 속 이야기들이 전해진다. 신화의 내용에 사랑 이야기가 많다는 것은 그만큼 인간이 사랑의 존재라는 것에 다름 아니다. 현대 문화에서 사랑의 이야기는 매체를 불문하고 다양하게 전개되고 있다. 어린이 서사인 동화의 주요 내용은 사랑의 결실이며 소설 역시 사랑이라는 주제가 가장 많이 이용되고 있다. 애니메이션의 가장 인기 있는 캐릭터는 공주와 왕자이며 그들은 서로를 운명처럼 사랑한다. 본고에서 다룰 〈월령공주〉, 〈하울의 움직이는 성〉, 〈천년여우〉, 〈포카혼타스〉는 모두 사랑이라는 테마로 해석될 수 있는 작품들이다. 대상 작품 중에서 영화 〈웰컴투 동막골〉, 〈올드보이〉, 〈이프온리〉 등 역시 사랑 이야기로 읽힐 수 있는 영화이다. 사실 사랑이 들어가지 않는 영화는 별로 없다. 영웅신화적이든 창조신화적 요소가 있건 모두 그 매개체는 사랑이라는 것이다. 사랑을 찾고자 하는 사람들의 끝없는 유랑이 영화 속 사랑을 계속 진행시키는 것이라 할 수 있다.

(2) 죽음신화

삶의 또 다른 국면으로서 죽음의 성찰

신화 속에서 죽음은 완전한 끝이 아니다. 즉 이 말은 죽음이 삶의 꼬리를 물고 있는 우로보로스의 뱀의 형상을 띠고 있다는 말이다. 따라서 신화 속에서 죽음은 장소가 바뀐 또 다른 삶인 다른 페이지 인 것이다. 따라서 신화 속에서 죽음에 대한 사유는 사랑과 긴밀하게 연결되어 있는 개념이다. 신화 속에서 주목해볼 만한 죽음은 항상 부활과 연결되어 있다. 죽음으로 끝나버리는 삶은 더 이상 관심의 대상이 될 수 없으며 신화적 사유 체계도 아닌 것이다. 신화 속 죽음의 세계는 삶과 아주 가깝게 존재하고 있다. 그렇다면, 먼저 신화에 나오는 저승세계 체험을 세 가지 양태로 나누어보도록 하자. 첫째, 저승을 체험하고 지상에 다시 나왔다가 결국 다시 저승을 관장하는 왕이 되는 저승회귀형 죽음신화로 이집트의 오시리스의 이야기와 우리 신화의 한락궁이를 들 수 있겠다. 둘째, 저승을 체험하면서 신비한 힘을 얻어서 지상에서 사는 여자들로 우리나라의 바리공주, 수메르의 이난나, 바빌로니아의 이시타르, 케냐의 마르웨 등을 들 수 있다. 셋째, 저승세계에 갔지만 본인의 노력이 아니라 다른 사람의 노력으로 돌아오려다가 실패한 사람들이며 결국 죽은 자들이 사는 지하세계에 있어야 하는 유형이다. 여기에 속한 인물이 바로 오르페우스의 아내 에우리뒤케이며 오딘과 프리그의 아들인 발두르이며 일본의 신화 속에 등장하는 아자나기의 부인 이자나미이다.

첫째, 저승에 갔다가 다시 돌아왔지만 결국 저승의 왕이 된 오시리스의 이야기를 자세히 들여다보자. 이집트의 왕 오시리스는 평화와 사랑의 신이며 빛의 신이었다. 그의 동생 세트는 악의 화신으로 그가 지배하는 땅은 모래언덕과 전갈뿐이었다. 세트는 오시리스의 그림자를 몰래 재서 향나무로 형의 관을 몰래 짜놓고 잔치를 연다. 오시리스에게 한번 들어가 보라고 꼬드겨서 결국 형을 관에 넣고 못질을 해버린다. 나일강에 조각난 상태로 버려진 오시리스는 죽게 되고 누이이면서 주인인 이시스에 의해 생명이 불어넣어졌으나 둘은 세트를 피해서 은둔생활을 한다. 그럼에도 불구하고 세트는 오시리스의 생존을 알아내고 그를 14도막으로 잘라 강물에 버린다. 이시스는 오시리스의 시체를 모두 모아서 부활시키지만 오시리스는 지상의 왕이 되기를 거부하고 지하의 왕이 되고자 한다. 오시리스는 죽은 자들의 나라를 통치하는 왕이 되는 것이다. 이때 오시리스의 법정으로 죽은 자들을 안내해 주는 사자가 바로 아누비스인데 죽은 자의 심장을 저울에 달아서 사람을 재판한다.

우리 신화의 한락궁이는 아비가 하늘의 부름을 받고 떠났기 때문에 어머니한테서만 자란다. 그의 어머니인 원강암이는 남편 원강도령을 따라서 서천국으로 가다가 포기하고 자현장자의 집에서 자식을 키우며 온갖 시련을 다 겪는다. 한락궁이는 아비를 찾아 서천국 즉 죽음의 세계에 가서 환생꽃, 웃음꽃, 싸움꽃, 악심꽃, 선심꽃 등을 받아 다시 지상으로 와서 자현장자를 징벌하고 어미를 환생시켜서 서천꽃밭으로 다시 돌아가서 서천국을 다스리고 모든 꽃을 다스린다(신동흔, 2004:123-136).

둘째, 주로 여성 주인공들인데 저승세계를 다녀와서는 비범한 능력이 생기는 경우를 들 수 있다. 이들은 지하의 세계를 경험하고 왔지만 다시 돌아가지는 않고 오히려 죽은 자들의 세계와 산 자들을 연결시키는 샤먼적인 속성을 가진다. 바리공주는 왕의 일곱 번째 공주로 태어나서 버림을 받는다. 그러나 그녀는 청학과 백학의 도움을 받고 비리공덕 할머니와 할아버지에 의해 키워진다. 그녀는 자신을 낳아준 부모가 중병에 걸린 것을 알고 약수가 있는 곳으로 여행을 간다. 그곳은 바로 저승세계인데 그곳을 지키는 무장군의 요구대로 땔나무를 3년 해 주고 물을 3년 길러 주고 그와 인연을 맺어 아들 7명을 둔다. 어렵게 임무를 수행하고 부모를 위해 약수를 구해 와서 부모를 살린다. 그 후로 그녀는 만신전의 몸주 곧 무신이 되는 것이다(김화경, 2003:291-297). 영화감독 박찬경은 우리나라의 만신의 이미지를 바리데기와 결합해서 영화 〈만신(2013)〉을 탄생시키기도 했다. 수메르 신화의 이난나는 저승에 내려가면서 시종에게 돌아오지 않으면 엔릴과 난나나 엔키에게 도움을 청하라고 말한다. 3일이 지나도 돌아오지 않자 이난나의 시종은 도움을 청하지만 엔키만이 도와준다. 엔키는 곡사 둘을 만들어 주고 이난나를 저승에서 탈출하게 도와준다. 지상으로 돌아온 이난나는 남편 두무지의 뻔뻔스러운 모습을 보고 저승사자들에게 남편을 데려가게 한다. 그리고 두무지에게 일 년의 절반을 저승에서 보내라고 명한다(김화경, 2003:278-290).

또한 바빌로니아의 이시타르 역시 지하세계를 경험하지만 다시 지상에서 살아가는 인물이다. 그녀는 언니 에레시키갈이 다스리는 나라에 가보고 싶어서 지하세계에 가지만 일곱 개의 관문을 통과하면서 알몸이 되어버린다. 그런데 그녀의 언니는 반가워하기는커녕 역정을 낸다. 지상에는 이시타르가 없기 때문에 모든 생물이 죽어갔다. 오빠인 물의 신 애아는 아수슈나미르라는 거세된 남성을 지하세계로 보내서 이시타르를 올라오게 한다. 언니는 거세된 남자를 보면서 분개했지만 지상은 다시 생명이 번창하게 되었다(비얼레인, 1996:275-278).

마지막으로 케냐의 마르웨의 이야기인데 마르웨는 원숭이가 콩밭을 망치자 부모에게 야단맞을 것이 겁나서 연못에 몸을 던진다. 죽은 자들의 나라에 들어간 마르웨는 노파와 함께 살게 되고 노파의 도움으로 화려한 보물로 치장되어 지상에 오게 된다. 많은 구원자들 중에서 가장 매력적이지 않고 피부병이 지독한 샤위예라는 남자와 결혼을 한다. 하룻밤을 보낸 샤위예는 말끔히 피부병이 낫게 되고 이들은 부유한 생활을 한다. 그런데 구원자들의 질투심이 샤위예를 죽이고 만다. 그러나 마르웨는 죽은 자를 살려내는 방법을 알고 있었고 샤위예는 다시 부활해서 행복하게 산다(비얼레인, 1996:278-280). 여기에서 네 명의 여자들은 저승세계를 경험하면서 비범한 힘을 가지게 되는 것이다.

셋째, 저승세계에 갔지만 돌아오지 못한 신화 속 인물들이 있다. 오르페우스의 아내 에우뤼디케는 독사에게 물려 죽게 된다. 그의 남편인 오르페우스는 수금을 잘 켜는 것으로 유명했는데 데메테르 여신과 지하의 신인 하데스조차도 그의 음악소리에 감동해서 지하세계에 있는 아내를 데려가게 허락한다. 그러나 지하세계를 벗어날 때까지는 절대 뒤를 돌아보면 안 되는 것이다. 그런데 안타깝게도 오르페우스는 잘 따라오는지 확인하기 위해 뒤를 돌아보게 되고 부인은 다시 지하의 세계로 떨어져버린다.

또한 지하의 세계에서 돌아오지 못한 신으로는 북유럽의 발두르인데 오딘과 프리그의 자식이다. 발두르가 이상한 꿈에 대해서 부모에게 말하자 프리그는 지상의 모든 것들에게 발두르를 죽이지 않겠다는 약속을 받는다. 단 하나

■ 오르페우스가 뒤를 돌아봐 다시 저승으로 끌려가는 에우뤼디케

중요하지 않은 조그만 겨우살이 나무만 빼고 모두에게 약속을 받는다. 이러한 것을 안 로키는 그 겨우살이 나무로 화살을 만들어 눈이 보이지 않는 호두르에게 던지게 유도한다. 호두르가 던진 겨우살이 나무 화살을 맞고 발두르는 그 자리에서 죽게 된다. 오딘은 신들에게 몸값을 걸고 발두르를 구해오게 하지만 그 조건으로 살아있는 모든 것이 발두르를 위해 눈물을 흘려 주어야 한다는 것이다. 타크트라는 마녀만은 울기를 거부해 발두르는 지하의 세계에 있어야 했다(비얼레인, 1996:314-318).

현대문화에서 죽음은 사랑과 함께 등장하는 주 모티프인데 영화 〈이프온리〉는 사랑하는 여인의 생존을 위해 저승의 문턱에 가서 자기의 운명을 희생하는 이야기를 현대적으로 차용해서 영상화한 것이다. 영화 〈사랑과 영혼〉 역시 저승의 세계를 가지 못하는 주인공이 자기가 사랑하는 사람을 만나기 위해 영매의 몸으로 현신하는 모습을 보이고 있다. 죽음이라는 것이 끝이 아니라 또 다른 삶의 연장이라는 신화적 사고는 동양 불교의 세계관과 얼마간 유사한 면이 있다.

3. 여성신화와 수호신 신화

(1) 대지모 신화와 문명의 약자로 밀린 여성신화

신화 속의 여성은 지극히 모순적인 의미를 가진다. 창조신화에서 보았듯이 어머니의 질서에서 아버지의 질서로 바뀌어가면서 여성신화는 가부장제적 질서와 남성이데올로기에 맞도록 변형되었다. 태초에 대지 가이아 여신이 세상을 창조하였고 동양의 경우 여와 여신이 인간을 창조하였다. 서양에서 제우스를 숭배하던 집단이 들어오기 이전에 그리스에는 가이아와 같은 대지모신을 받들던 집단이 있었다. 그들은 아프로디테와 같은 비너스상을 추앙하지 않았다. 그들이 숭배하는 비너스상은 커다란 유방을 아래로 늘어뜨리고 있고 굵은 허리를 가지고 있으며 배는 불룩하게 나와 있고 엉덩이가 잘 발달되어 있는 모습이다. 다산의 비너스상이 그들의 이상이었다(김화경, 2003:93). 그런데 점차 대지모적인 여신이 사라지기 시작하면서 여신은 독립적으로 존재하기보다는 부인으로 그려지고 그 역할도 지극히 축소되었다. 급기

▪ 풍요와 다산의 오스트리아 비너스상

야 신화에서는 성처녀들에게 아이를 가지게 함으로써 여성이라는 존재가 남성 영웅의 탄생을 위해 순결한 희생물이 되기에 이르렀다. 우리나라의 유화, 아테나 여신, 성모 마리아 등은 영웅 탄생담을 미화시키는 전리품이 되어버렸다. 더 나아가 신화의 많은 여성들은 악의 근원으로까지 몰리는 형국이 되어버렸다. 의심을 이기지 못하는 프쉬케, 호기심을 억누르지 못한 판도라, 선악과를 따먹지 말라는 계율을 깬 이브, 동양의 반호의 이야기에서 뚜껑을 열어보지 말라는 개의 말을 어긴 공주 등 의심 병을 이기지 못하고 악의 근원으로 몰리게 된 신화 속 여성들이 너무나 많다. 사랑에 있어서도 남성이 여성을 위해 희생을 치른 경우는 무척 드물다. 그러나 많은 여성들은 이성보다는 감성이 강조되면서 해서는 안 될 사랑까지 주체하지 못하는 인상까지 주고 있다. 적장을 사랑했던 사람들은 주로 여성들이었는데, 〈일리아스〉의 헬레네가 가장 유명한 주인공이다. 그녀는 적국 트로이의 왕자 파리스를 따라 그리스를 떠나버린다. 헬레네의 이러한 도발적 사랑의 대가는 트로이 왕국의 멸망이라는 실로 엄청난 비극을 가져왔다. 또한 비정상적인 사랑 즉 아빠를 좋아한다거나 오빠를 좋아하는 등의 파행적인 사랑의 주인공으로 여자가 절대적으로 많다는 것은 신화가 남성의 질서체계의 산물임을 부인할 수 없게 만든다. 물론 아폴론의 동성애적인 사랑과 나르시소스의 자기애와 오이디푸스의 어머니에 대한 근친적 사랑 등이 보이는 것은 사실이다. 그러나 여성신화에 비해 현저히 그 빈도는 적다고 하겠다. 김화경과 장영란은 이미 이러한 여성신화가 남성 이데올로기에 의해서 형성되어왔음을 지적하면서 여성의 역사가 타자화되고 있음을 지적하고 있다.

신화 속의 여성에 대한 논의를 할 때 한국 신화에 나타난 여성의 역할은 매우 특이한 모습을 보이는 것에 주목할 필요가 있다. 한국 신화의 남신들은 유랑민처럼 등장한다. 터주신으로 유명한 〈성주풀이〉의 막막부인은 하늘나라의 집을 짓기 위해 떠난 황우양씨를 지조와 현명함과 인내로써 기다린다. 사랑의 대명사인 〈세경본풀이〉의 자청비 역시 떠나버린 문도령을 찾는 역할을 하고 천지의 질서를 잡은 〈천지왕본풀이〉의 소별왕과 대별왕의 어머니인 총명부인은 천지 왕이 떠난 후에 자식들을 돌보며 집을 지킨다. 〈제석본풀이〉의 당금애기 역시 시준님이라는 남성신에게 쌀 세 톨을 받고 아들 셋을 낳고 키우면서 갖은 고초를 겪으며 영웅으로 유명한 강림도령도 부인의 헌신이 없었다면 결코 염라대왕을 잡아올 수 없었을 것이다. 바리공주는 아버지의 버림에도 불구하고 자신의 부모를 살리는 존재로 나오며 〈이공본풀이〉의 한락궁이의 엄마인 원강암이는 남편 원강도령의 서천국 행으로 혼자서 많은 시련을 당하면서도 자식과 부부의 정절을 지켜낸다. 그리고 빼놓을 수 없는 것이 사계절을 만든 〈원천강본풀이〉의 오늘이 신화이다. 우리 신화에 보이는 여성신은 하나같이 막막부인처럼 자리를 지켜 주고 사랑을 지켜 주는 터주신 역할을 한 셈이다. 이는 여성의 관심과 임무를 가정 특히 자식에게만 한정시키려는 남성적 사고의 무의식적인 신화 사유가 아닐까.

(2) 수호신 신화 - 신들의 상징물

신화 속에서 신들은 모두 저마다 상징물 즉 부속물(attribute)을 가지고 다닌다. 이러한 신화적 상상력은 어린이 오프라인 게임이나 온라인 게임에서 보이고 있다. 특히 오프라인 게임이나 놀이를 보면 각 게임의 대상물에 반드시 수호신이 존재하는 것을 볼 수 있는데 이는 신화에서 각 신들이 상징물을 가지는 것을 모태로 한 발상이라고 할 수 있다. 수호신이 있었을 때 게이머가 가지는 무기는 훨씬 힘이 강하게 느껴지기 때문이다. 서양신화의 제우스는 올림포스 신들의 우두머리이며 독수리로 상징되며 천둥과 벼락을 관장한다. 바다의 신 포세이돈은 늘 삼지창을 들고 등장하며 돌고래와 백마를 상징물로 달고 다닌다. 제우스의 부인이면서 올림포스의 안방주인 헤라는 아르고스의 눈을 박은 공작새를 그녀의 상징물로 가지고 있다. 대지의 여신 데메테르는 곡식과 수확을 관장하기 때문에 그에 상응하는 돼지와 양귀비꽃을 상징물로 가진다. 태양의 신인 아폴론은 수금과 활 그리고 그가 사랑했던 다프네가 변한 월계수를 쓴 모습으로 등장하며 처녀들의 수호신인 아르테미스는 은빛 활을 가지고 다닌다. 지혜와 지략의 여인 아테나는 메두사의 머리가 그려진 방패와 올빼미를 상징한다. 아테네 도시의 화폐에 그려진 올빼미는 아테나 여신을 기리기 위함이다. 전쟁의 신 아레스는 남성을 상징하며 창을 상징하기도 한다. 신들의 전령이자 여행과 상업의 신인 헤르메스는 늘 날개달린 신발을 신고 등장한다. 망치와 쇠는 대장간을 하는 헤파이스토스의 몫이며 포도넝쿨나무는 술의 신인 디오니소스를 상징한다. 화롯불을 상징하는 헤스티아는 가정을 지키는 수호신이며 에로스의 사랑을 받았던 프쉬케는 나비를 상징체로 두고 있다.

이렇게 서양 신들에게만 수호물이 있는 것은 아니다. 동양신화의 반고 거인은 손에 항상 태극 모양을 들고 등장한다. 이는 우주 창조의 역할을 상징하는 것이라고 볼 수 있으며 불굴의 영웅 치우는 손과 발에 모두 칼을 들고 등장한다. 인류를 창조한 복희와 여와는 직선을 그릴 수 있는 곰자와 원을 그릴 수 있는 컴퍼스를 들고 있어서 이들의 문명창조적 능력을 보여 주고 있다. 서왕모는 시중꾼으로 삼청조 즉 세 마리 파랑새를 데리고 다녔는데 이들은 서왕모가 죽음의 상징인 만큼 흉조에 속하는 상징물이다. 황제는 늘 용을 동반한 채로 그려지고 있으며 농업의 신 염제는 손에 이삭과 채찍을 들고 다님으로써 그 역할을 분명하게 나타내 주고 있다. 동방의 신 태호 복희씨는 손에 팔괘를 들고 다니며 신들의 원리와 만물의 이치를 설명한다. 동방의 소호는 어깨에 비둘기를 데리고 등장하며 목이 잘린 형천은 도끼와 방패를 들고 우스운 모양으로 춤을 추면서 등장한다. 활솜씨가 훌륭했던 예는 항상 활과 함께 그려지고 있으며 그의 부인은 늘 두꺼비의 형상으로 그려지고 있다. 동서양신화에 나오는 신들 역시 저마다 자신을 상징하는 것을 지니고 있는데, 신기한 것은 동서양의 상징물들이 비슷하게 겹치기도 한다는 것이다. 대표적으로 그리스 신화의 태양신 아폴론과 한국 신화 속 태양신의 상징동물이 모두 까마귀라는 것에 주목해 볼 수 있다. 태양신 아폴론은 늘 까마귀를 가까이 두었는데, 우리나라의 〈연오랑 세오녀〉의 중앙에 있는 글자 '오(烏)' 가 까마귀이다. 연오랑 세오녀는 일월회복신화소를 담고 있는 이야기이므로 태양과 관련된다. 동서양이 공통으로 이렇게 까마귀를 태양과 결합한 연유는 참으로 신기할 뿐이다.

IV.

현대 서사매체에 투영된 신화성

1. 동화 속에 재현되는 신화성

(1) 동화 읽기의 틀 만들기

동화 읽기란 인생의 진리를 가장 진솔하게 만나게 해 주는 행복한 작업이다. 또한 동화를 읽고 받아들이는 독자층이 이러한 동화를 아무런 의심 없이 받아들일 수 있다는 것이 동화를 존립하게 해 주는 축복된 조건일 것이다. 동화 읽기는 어빙 고프만(Erving Goffman, 1986)이 주장하는 틀 만들기를 제안한다. 틀이란 상황과 사건의 원리에 일치되는 읽기의 관점을 말하고 있다. 즉 어린이의 동심으로 이야기를 봐야 한다는 것인데 요즘의 동화에서는 그러한 고정된 틀이 많이 파괴되어 가고 있다. 의인화로 주를 이루던 동화가 이제는 다양한 방식으로 그려지고 있으며 그 내용에 있어서도 단순히 교훈을 전달하기보다는 삶의 축소판 구실을 하고 있다. 따라서 어린이 동화를 하나의 교훈적인 틀로 읽으려고 한다면 어린이 동화의 독서는 흥미가 반감될 수 있다. 이제 동화는 탄생과 죽음, 삶의 과정에서 느끼는 모든 경험, 심지어는 부모의 이혼(『따로 따로 행복하게』)까지도 더 이상 숨기지 않는다. 인간은 저마다 모두 영웅의 구조를 따라가는 여정을 겪는다. 영웅은 자기가 속한 세계에서 분리의 과정을 거치고 다른 세상에 입문하고 그 입문의 과정에는 많은 시련이 등장하며 결말에 가서는 회귀하는 구조를 보인다. 동화를 보다 더 재미있게 읽기 위해서는 단순한 읽기에서 신화적 해석으로 나아가야 함을 네 가지의 주제로 펼쳐보이고자 한다. 자아인식의 과정인 통과의례, 타자에 대한 인식, 인간의 유한성에 대한 인식, 세상의 중심에 서기 등 네 주제를 신화 해석의 틀로 보게 될 것이다.

(2) 자아 발견의 인식 : 통과제의로서의 변신과 모험 이야기

어린이들이 성장하면서 가장 먼저 해야 하는 통과의례는 자기 자신과 부모의 세계를 분리시키는 일이다. 즉 엄마와 합일된 자아에서 자기 스스로의 존재에 대한 인식이 모험이나 괴물과의 싸움 그리고 여행이라는 도구를 수반하면서

서서히 분리됨을 느끼게 된다. 인간은 각자마다 영웅의 여정을 겪게 되는데 '분리-입문-회귀'의 조지프 캠벨식의 통과의례를 거친다. 동화에서도 이러한 영웅의 여정을 간과하지 않고 잘 보여 주고 있다. 특히 분리의 과정을 더 강하게 느끼는 것은 남자아이의 경우라고 할 수 있다. 이러한 이유 때문에 남자아이가 동화의 주인공이 되고 있는 경우가 많다.

어린이들에게 있어 동물들은 자기의 감정이 그대로 이입된 인격체들로서 존재의미를 지닌다. 『나야? 고양이야?』는 어느 날 마법 할머니가 나타나서 학교 가기 싫은 꼬마를 고양이와 바꾸어 주는 것이다. 엄마의 성화에 밥도 못 먹고 스쿨버스를 타고 갔는데 나는 여전히 집에 있는 것이다. 그것도 고양이인 채로. 고양이인 나는 침착해보려고 애를 썼지만 잘 되지 않는다. 고양이만이 할 수 있는 것을 하다가 집안을 엉망으로 만들어 버린 나는 옆집 고양이에게 간다. 다른 고양이들에게 괴롭힘을 당하고 개한테 쫓기고 하루 종일 고전하는데 고양이인 내가 집으로 불쌍하게 돌아오는 것을 본다. 사람이 된 고양이는 고양이의 행동만 일삼고 심지어 어항에서 물고기를 꺼내먹으려 한다. 이상한 것을 눈치 채고 엄마는 내가 된 고양이를 데리고 병원에 간다. 다시 밤에 마술사 할머니는 "내가 주소를 잘못 알았지 뭐냐"라고 말하고 가버린다. 나는 다시 정상으로 사람이 되었지만 학교에 가보니 맥거프 선생님이 교탁 위에서 고양이처럼 발을 긁고 있었다.

『지각대장 존』 역시 학교 가기 싫은 남자 아이의 모험담이다. 어린이들에게 학교는 가장 문화적 쇼크가 큰 곳이며 강압적인 곳이다. 그래서 어린이들의 성장 통과의례에는 학교가기 싫어하는 어린이 이야기가 많을 수밖에 없다. 존은 학교에 가기 위해서 집을 나섰는데 가다가 악어를 만난다. 악어가 장갑 하나를 가져가 버리고 존은 또 지각을 한다. 그런데 악어가 있었다는 말을 거짓말이나 핑계로 돌리고 선생님은 존에게 거짓말을 하지 않겠다는 것과 장갑을 잃어버리지 않겠다는 말을 300번 써야 했다. 다음날 학교 가는 덤불 속에서 사자 한 마리를 만났는데 존의 바지를 물어뜯는 것이다. 존은 간신히 빠져나와 학교로 갔지만 바지까지 찢긴 채로 또 지각을 하고 만다. 이번에 400번 외치는 벌을 받고 다음엔 더 긴장해서 학교에 가려고 했다. 그런데 가다가 파도를 만났고 파도 때문에 존은 또 늦고 말았다. 선생님은 파도가 덮쳤다는 말을 들은 체도 하지 않았고 벌은 500번으로 늘어났다. 다음날 학교에 가는데 아무 일도 일어나지 않고 제시간에 갔다. 그런데 선생님이 털복숭이 고릴라에게 매달려 있었다. 반대로 이제 존은 선생님의 고릴라에 대해서 모른 체 하고 간다. 유쾌한 신화적 복수인 셈이다.

위의 모험담은 학교와 관련 있는 모험담이다. 즉 자기가 속한 사회에서 좀더 넓은 사회로 나아가야 하는 통과의례의 관문인 것인데 그에 반해서 『괴물들이 사는 나라』와 『마법침대』는 자신의 내밀한 공간으로의 여행을 의미한다. 먼저 『괴물들이 사는 나라』는 장난꾸러기가 저녁 밥 먹기 전에 자기 방에서 가지는 상상의 모험이야기이다. 맥스의 방은 자꾸자꾸 풀이 나고 나무가 커지고 달이 뜨고 넓은 바다가 생긴다. 맥스는 맥스호를 타고 괴물들이 사는 나라에 가게 된다. 여기서 괴물들은 모두 무서워보이지만 실은 모두 맥스의 명령에 복종해야만 하는 부하들인 것이다. 괴물들과 춤을 추고 눈알을 굴리고 나무도 타고 놀지만 맥스는 자기를 사랑해 주는 사람이 있는 곳으로 돌아오고 싶어진다. 괴물들의 부탁에도 불구하고 맥스는 작별인사를 하고 다시 시간을 거슬러서 또 거슬러서 떠났던 곳으로 돌아온다. 그때 저녁밥과 사랑하는 가족이 맥스를 기다리고 있었다. 모험을 통해 가족의 사랑과 자기 정체성을 얻어가는 동화라고 할 수 있다. 전형적으로 분리, 시련(입문), 회귀의 과정을 겪는 영웅의 신화적 세계관을 보여 주고 있다고 할 수 있다.

『마법침대』는 성장의 과정에서 가장 애착을 느끼는 물건 즉 인격화된 물건과의 분리를 통해서 성장하는 것을 보여 주는 통과의례라고 할 수 있다. 어느 날 조지는 지금까지의 작은 침대를 버리고 큰 침대를 사러가다가 마법침대를 얻게 된다. 중고가게에서 발견한 마법침대는 주문을 외우면 밤에 하늘을 날아 도시를 여행하기도 하고 마법의 세계에 가기도 하고 밀림에 가서 호랑이랑 놀기도 하고 보물을 찾아 해적들과 싸우기도 하고 그때 가까스로 마법침대의 도움으로 구출되기도 한다. 이런 아슬아슬한 모험뿐만이 아니라 돌고래와 수영도 함께 하고 기러기들을 침대에 태워 주기도 하고 빗자루를 탄 마녀들과 시합을 벌이기도 한다. 그런데 여름휴가를 떠났다가 돌아온 조지는 할머니가 자기의 마법침대와 새 침대를 바꾸어 놓은 것을 발견하고 쓰레기통에 가서 자기의 침대를 다시 찾아 하늘을 난다는 이야기이다. 어린이들은 자기의 손에 익은 물건과 일체감을 느끼기 때문에 그것과의 분리는 또 다른 세계에 던져지는 것과 같은 두려움을 느낀다. 이러한 분리와 입문과 회귀의 과정 속에서 자신의 정체성을 찾아가고 있는 것이다.

이제 시선은 바깥 세계로 향하게 된다. 부모와 자기의 물건에서 분리를 경험한 아이들은 여행을 통해서 진정한 성숙을 경험한다. 이러한 여행은 통과의례의 다른 형태로 보이는데 통과의례는 집단의 사회적 원형을 재현하게 하여 입사자에게 신화적 세계의 주인공이 되게 하는 것이다. 입사식의 대표적인 것으로는 이빨을 부러뜨린다거나, 문신을 새긴다거나, 할례를 하는 등 매우 무섭고 충격적인 방법이 동원된다. 『곰사냥을 떠나자』와 『부엉이와 보름달』은 곰과 부엉이라는 동물을 찾아 나서는 여행을 통해 아이들은 한 세계에서 또 다른 세계로 도약하는 기쁨을 맛본다. 어린이 책에 가장 많이 나오는 곰은 나자자키 신이치에 의해서 자세히 설명되고 있다. 그에 의하면 곰은 바깥세계의 복잡한 일들에 현혹되어 본래의 자신의 마음이 있어야 할 장소를 잊어버린 인간들에게 현명한 곰들이 드림타임 즉 꿈속의 시간을 전해준다는 것이다. 또한 곰은 아이들처럼 느린 행동을 하고 꿈을 꾸는 듯한 순진무구함과 지혜를 가지고 있어서 늘 동화의 소재가 되고 있다는 것이다. 여기에 빠질 수 없는 것은 동면이라는 깊은 잠의 신비감이 한층 더 곰을 신비하게 느끼게 한다는 것이다. 동면이라는 신비요소로서 죽음을 가까이에서 느끼게 하는 신화성이라고 할 수 있다.

『부엉이와 보름달』의 주인공은 여자아이이다. 일정한 나이가 되면 어린아이들은 한 세계에서 또 다른 세계로 도약하기 위한 통과제의 의식을 경험한다. 이를테면 어린아이들은 이빨이 빠지는 것을 경험하면서 자신이 조금 더 어른의 세계에 가까워지고 있다는 것에 자부심을 느낀다. 『부엉이와 보름달』 속의 아버지는 아이들이 일정한 나이가 되면 차례로 데리고 나가 부엉이를 구경시켜준다. 부엉이를 구경하러 가는 데는 일종의 의식이 수반되는 것이다. 원시부족들은 성인이 되는 특이한 의식을 치르고 있는데 주로 고통을 수반하고 그 고통을 이겨야만 그 관문을 잘 통과한 것이라고 인정해 주고 있다. 추운 겨울날 흰 눈이 쌓여있는 고요한 밤에 아빠와 나만 부엉이 구경에 나간다. 이것은 이전에 오빠들이 그렇게 했기 때문인데, 꿈속처럼 고요한 숲 속으로 긴 그림자를 데리고 떠나야 하는 여행이다. 주인공인 나는 큰 부엉이와 대면하고는 아무 말도 하지 못하고 집으로 돌아왔지만 부엉이에게 나의 소망을 실어 보냈다. 동물의 신화성으로 부엉이는 아테나 여신의 수호동물이다. 앞으로의 인생에서 지혜를 갖게 해달라는 의식의 표현이라고 생각할 수 있다. 맨케는 인간의 미학적 힘을 논의하면서 그것은 표현의 끝없는 산출이자 해체이며, 하나의 표현이 다른 표현으로 끝없이 이행하는 변형이라고 말하고 있다(크리스토프 맨케, 2013: 60). 동화의 신화적인 미학적 작용은 끝없는 변형이라고 할 수 있다.

(3) 타자성에 대한 인식 : 화려한 중심으로부터 소박한 주변으로

세상을 경험하면서 자기 자신이 자라고 있음을 스스로 느낄 수 있는 통과제의의 동화가 있다면 다른 사람 즉 타자성에 대한 인식을 주로 하는 동화는 어린아이의 세계를 좀더 크게 확장시켜준다. 남의 것에 대한 인식, 소박한 것에 대한 애정, 다른 생각의 수용 등으로 어린이는 그 사회를 조금씩 넓혀가고 있다. 자기의 주변이 세상의 전부라고 생각하고 살아온 어린이에게는 내가 아는 것이 지극히 작은 부분에 지나지 않았다는 인식은 또 한 단계 진일보한 정신적인 성장을 가져온다. 인도의 싯다르타 즉 석가모니는 그의 부모가 왕이었는데 왕자가 왕실 밖 세상의 질병, 죽음, 가난 등을 보지 못하게 했지만 왕자는 결국 바깥세상의 불행을 보고서 자기 자신의 정체성을 찾아가고 있다. 점점 세상의 구성이 자기와 타인의 상관적 관계에 의해서 형성된다는 것을 느끼게 되는데 바로 타자성(Otherness)에 대한 인식이 그것이라고 할 수 있다.

『파란 시간을 아세요』에서 파란 시간이라는 키 큰 아이는 해와 달이 차지하는 세계에서 어디로 가야할지 모르고 방황하게 된다. 파란 시간은 해의 왕에게 가서 부탁하고 달의 여왕에게 가서 자기가 있을 곳을 부탁하지만 결국 거절당하고 만다. 해와 달이 싸우고 있을 때 파란 시간은 얼른 그 사이로 가서 숨는다. 그래서 해와 달이 서로 보이지 않는 그런 시간에 파란 시간은 놓이게 된다. 그때 파란 시간은 새벽공주가 있다는 곳을 가게 되는데 거기에서 새벽공주에게 홀딱 반하게 된다. 파란 시간은 새벽공주가 머무는 곳에 머무르기로 한다. 해와 달의 이분법적인 시간개념에 저녁노을 지는 석양의 시간과 아침 새벽 여명의 시간을 아름답게 아이들에게 설명해줄 수 있는 아름다운 동화다. 아이들은 이 동화를 통해서 시간이 밤과 낮만이 아니라 석양의 시간과 여명의 시간이라는 아주 짧지만 아름다운 시간이 존재한다는 인식의 폭을 넓히게 된다.

『작은 집 이야기』는 이야기의 주인공은 사람이 아니라

작은 집이다. 작은 집을 중심으로 세상이 변하는 것을 그려 넣고 있다. 처음에 작은 집은 아름다운 경치를 바라보았는데 도시의 경치가 하나 둘 씩 작은 집의 눈에 들어왔다. 아름다운 계절의 변화와 꽃의 변화를 지켜보던 작은 집은 점점 수레가 많이 지나가고 마차가 지나가고 증기 삽차가 지나가고 트럭이 지나가고 도로가 더 커지고 지하철이 보이고 사람들은 점점 바빠 보였다. 여전히 작은 집은 그림의 중심에 그대로 놓여 있고 주변의 변화들만이 파노라마처럼 그려지는 동화책이다. 점차 작은집은 도시의 불빛과 매연 때문에 앞이 흐려지고 밤과 낮의 구분도 어려워졌다. 심지어 어느 누구도 작은 집이 거기에 있다는 것조차 알아차리지 못하게 된다. 많은 고층 빌딩으로 도시는 빌딩 숲이 되어가고 작은 집은 더 초라해져 가고 만다. 지나가던 부인이 외로운 작은집을 사서 시골로 옮겨 주고 작은 집은 다시 예전처럼 행복해지기 시작한다. 다시 사람들에게 사랑을 받고 계절의 변화를 느끼고 많은 꽃들을 보게 된다. 자기가 사는 곳이 세상의 중심이 아니었던 시절이 있었고 지금 초라해 보이던 곳도 예전엔 아름다운 곳이었다는 인식의 확대는 타자성을 인식하는 또 다른 이야기이다.

『여섯 마리 까마귀』는 상대방을 생각하지 않고 자기 자신만을 위하는 이기적인 마음이 얼마나 커다란 불행을 초래하는지 잘 보여 주고 있으며 다른 사람에 대한 인식에서 한발 나아가 자기와 다른 의견을 서로 조정하고 화해해야만 세상은 잘 운영될 수 있다는 것을 알려준다. 어느 날 농부는 밀밭에 몰려든 까마귀 여섯 마리를 쫓아버리기 위해서 나무 몽둥이를 든 허수아비를 만든다. 그러나 허수아비를 본 여섯 마리 까마귀는 대책회의를 하고서 나뭇잎으로 커다란 새를 만들어 허수아비를 쫓아내려고 한다. 이것을 보고 놀란 농부는 더 크고 무서운 허수아비를 만들고 손에는 긴 칼을 들게 한다. 긴 칼을 들고 있는 허수아비를 본 까마귀들은 더 큰 새를 만들어 들판으로 나오게 된다. 이러한 광경을 처음부터 지켜보던 부엉이는 농부와 까마귀에게 찾아가 화해를 하라고 설득한다. 농부와 까마귀들은 처음엔 다투면서 이야기하다가 결국 화해하게 되는 이야기이다. 남들에게 자기의 입장을 주장하는 것에서 한발 더 나아가 서로 조화를 이루는 삶의 방식을 터득한 것이다. 이는 사회를 살아가기 위해서 필요한 타자에 대한 인정과 존중을 알려 주는 동화 읽기를 의미한다. 동화읽기는 새로운 신화 읽기의 다름 아닌 작업이 된다. 〈일리아스〉와 〈오디세이〉를 지은 고대의 작가 호메로스는 모든 인간에게는 신이 필요하다고 말한다. 이는 삶에 대한 타자성을 심어주는 말이기도 하다. 세상을 자기 중심이 아니라 나를 둘러싼 세상과의 교감 속에서 상대적인 자기를 읽어나가라는 말일 것이다.

(4) 인간의 유한성에 대한 인식 : 시작과 끝에 대한 원초적인 호기심

인간은 인지능력이 생기면서 자연스럽게 근원과 끝에 대한 호기심을 가진다. 말을 하기 시작하고 사고를 하는 나이부터 인간은 끊임없이 어디에서 내가 왔는가에 대해서 궁금해 하며 끝없는 질문을 하기 시작한다. 인간의 근원에 대한 신화적 접근으로는 『마고할미』를 들 수 있다.

이 세상은 엄청나게 큰 마고할미라는 사람이 기지개를 켜면서 탄생한 것이라는 발상인데 이는 동양신화의 반고라는 거인이 죽어 세상이 탄생했다는 '거인화생설'의 신화적 원리와 그 궤를 같이 한다. 인체의 각 부분이 우주를 구성한다는 반고신화와는 다르게 마고할미는 세상을 만드는 행위의 주체자이다. 『마고할미』의 발상은 참으로 유쾌하다. 마고할미라는 큰 거인은 드르렁 드르렁 코고는 소리를 내면서 잠을 잔다. 물론 자고 있는 동안의 세상은 정적으로 가득 차 있었다. 이때 사람들은 존재했었다. 아주 답답한 마음을 참아가면서 살고 있었다는 말인데 마고할미의 기지개가 이들에게 시원한 공간을 제공해 준 것이다. 그리고 혼돈이었던 세상에 해를 올리고 달을 달아 주고 별을 붙여 준 것이다. 마고할미의 오줌은 큰비가 되고 강물이 되었다. 마고할미는 강물이 넘쳐흐르는 것을 방관만 하지 않고 둑을 쌓는 일까지 도와 주는 고마운 창제자이다. 마고할미는 너무 커서 발을 움직이면 동해바다와 서해바다의 강물이 출렁일 정도이고 한숨을 쉬면 태풍이 되기도 한다. 마고할미가 탈이 나서 토하면 큰 섬이 하나씩 만들어지는 것이다. 이러한 자연의 현상에 마고할미는 "미안하오, 내 탓이오"라는 말을 잊지 않는다. 마고할미는 선하게도 그려지기도 하고 악하게도 그려지기도 하는데(조현설, 2013), 선하다는 측면에서 보면 단군신화가 지향하는 인본주의적 발상의 연속이라고 할 수 있다.

아이들에게 죽음의 문제는 이해되지 않는 어려운 문제이다. 죽음이란 선과 악의 분간이 함께 병행되어야 하는 것이기 때문이다. 죽음 이후에 착한 사람은 복을 받고 나쁜 사람은 벌을 받는다는 이분법을 알려 주어야 하는데, 이 문제를 해결하는 데 『오필리아의 그림자 극장』의 생각은 유용하다. "작고 오래된 도시에 결혼을 하지 않은 할머니가 혼자 살고 있었어요"라고 시작하는 동화이다. 일반적으로 동화에서 죽음이나 삶의 추상적인 질문에 다가가면 주인공은 세상에서 뚝 떨어져 단 하나의 주인공으로 귀결된다. 어린이들에게 죽음은 매우 낯선 것이기 때문에 오필리아처럼 혼자서 남과는 낯설게 사는 할머니를 등장시켜야 한다.

오필리아의 직업은 작은 도시의 예쁜 극장에서 배우들이 대사를 잊으면 작은 목소리로 배우들에게 대사를 불러 주는 일이다. 그런데 영화관과 텔레비전이 생기면서 오필리아가 몸담고 있는 극장이 문을 닫게 된다. 오필리아는 텅

빈 극장에서 주인이 없는 영혼의 그림자를 만나게 된다. 그림자는 오필리아에게 속하게 되고 점점 더 많은 그림자들이 오필리아에게 오게 된다. 그러나 이들은 서로 싸우게 되고 오필리아는 이러한 소란을 잠재울 방법으로 자기가 아는 명대사들을 가르치기 시작한다. 오필리아는 이웃사람들의 항의로 집을 떠나야 하는 불행을 겪는다. 그림자들은 오필리아를 위해 그림자 극장을 만들어서 오필리아를 경제적으로 돕는다. '오필리아의 그림자 극장'이라는 차를 하나 마련해서 도시에서 도시로 이동하는 도중 눈보라 속에 갇히게 된다. 그때, '죽음'이라는 그림자가 오필리아에게 자기가 속해도 되는지 묻는다. 오필리아는 그 그림자를 맞아들이고 죽음을 맞아들인다. 그러나 오필리아에게 죽음은 잘 보이지 않았던 눈이 다시 환해지는 밝음이었다. 오필리아는 죽은 후에 자신의 그림자들을 그림자가 아닌 진짜 모습으로 볼 수 있게 된다. 그들은 오필리아와 함께 모두 천국으로 입성한 것이다. 이 이야기는 삶과 죽음이 쌍둥이라는 한 신화학자의 말에 공감하게 한다. 이는 신화에서 삶에 대한 아름다움이 결코 죽음에 이를 때까지 벗어날 수 없는 유혹과 같은 것이라는 철학적 의미를 던져주기도 한다(장영란, 2015:156).

그렇다면 이러한 영혼들은 어떻게 살아갈까에 대한 질문에 『100만 번 산 고양이』의 이야기는 환생을 보여 주는 좋은 답이 될 수 있다. '100만 번을 산' 제목처럼 한때 고양이는 임금님의 고양이이기도 하고, 뱃사공의 고양이이기도 하고, 서커스 마술단의 고양이이기도 하고, 도둑의 고양이이기도 하고, 홀로 사는 할머니의 고양이이기도 하고, 어린 여자 아이의 고양이이기도 하고, 어느 누구의 고양이도 아닌 도둑고양이이기도 했다. 그런데 이 고양이는 늘 다른 고양이에게 그것을 거들먹거렸는데 새하얗고 예쁜 고양이는 그런 고양이에게 아무런 눈길도 주지 않는다. 자기가 여러 번 죽고 태어난 것이 이 하얀 고양이 앞에서는 의미 없는 자랑임을 안 얼룩고양이는 더 이상 백만 번이나 죽고 태어났다는 말을 하지 않게 된다. 하얀 고양이와 함께 아이들을 낳고 처음으로 오래오래 살고 싶다고 생각하는데 어느 날 하얀 고양이는 조용히 움직임을 멈춘다. 얼룩고양이도 그 옆에서 울다가 역시 조용히 움직임을 멈추게 된다. 진정한 죽음이란 사랑하는 사람을 다시는 못 보게 되며 무척 슬픈 것이라는 것을 알려 주는 동화라고 볼 수 있다.

(5) 인간의 영웅성에 대한 인식 : 세상의 중심에 서기

어린이들의 성장에서 인생의 큰 지표가 되는 것은 영웅의 행동에서 나오는 경우가 많다고 할 수 있다. 영웅은 탄생에서부터 아주 특별하다고 할 수 있는데 우리가 기억하는 특별한 탄생에는 성처녀에게서 잉태되는 경우와 아주 특별하게 강한 힘이 부여된 채 태어난 경우가 있다. 그것과는 다소 대조적인 일상적인 탄생이 있지만 이들은 자라면서 남과는 다른 비범함을 보여 주고 있다. 경우야 어찌됐건 아이들에게 영웅의 존재는 삶을 용감하게 맞서나가게 해 주는 불가사의한 힘을 가진다. 동화 속에는 무수히 많은 영웅들이 등장한다. 영웅신화에서 개인 능력의 확장에 따른 성취에 그치지 않고 귀환하여 확산에 이르게 하는 것은 사실은 인간의 내적 성숙을 좌우하는 척도이다(이강엽, 2004:159). 오늘의 진정한 영웅 이야기의 가치는 자기 자신을 보다 잘 이해하고 보다 큰 자아를 만들어가는 것이라고 할 수 있다. 이러한 영웅 이야기에 대표적인 작품으로 처녀잉태의 기이한 탄생을 담은 『태양으로 날아간 화살』, 헤라클레스만큼 힘이 센 여자아이 『세상에서 가장 큰 여자아이 안젤리카』, 어린 꼬마 여자 아이의 따뜻한 마음이 거인의 세계를 바꾼다는 『제랄다와 거인』, 반쪽이로 태어났지만 힘도 훨씬 세고 지혜로운 『반쪽이』 등을 살펴보면서 영웅신화가 동화 속에서 어떻게 원형적으로 그려졌는지 살펴보도록 한다.

『태양으로 날아간 화살』은 푸에블로 인디언 설화의 이야기를 동화화 한 것이다. 생명의 불꽃이 햇살을 타고 와서 푸에블로 인디언의 한 아가씨의 집으로 들어가서 한 사내아이가 태어났다. 그 아이는 자라면서 아버지를 찾았고 아버지 태양신에게 가기 위해 궁시장을 만나 도움을 받는다. 궁시장은 화살과 아이를 한 몸으로 묶어서 태양으로 보내준다. 태양의 아버지는 자신의 아들임을 증명하기 위해 푸에블로 인디언들이 종교 의식 때 지나야 하는 키바 네 곳을 지나게 한다. 사자의 키바, 뱀의 키바, 벌의 키바, 번개의 키바를 통과해야만 자신의 아들임을 인정한다는 말을 한다. 네 곳을 잘 통과한 소년은 완전히 다른 소년이 되어 있었다. 즉 영웅의 세계를 획득한 것이다. 다시 화살과 함께 땅으로 내려 보내진 소년은 세상에 자기 영혼을 가져다 주어야하는 사명을 띤다. 푸에블로 인디언 마을 사람들은 생명의 춤을 추면서 이 소년을 반긴다. 여기에는 시조신화의 신화소와 영웅신화의 신화소가 잘 배합되어 나타난다. 영웅의 신기한 탄생이라는 측면을 볼 때 우리나라 주몽신화나 〈제석본풀이〉의 세 명의 아들이 신이 되는 과정을 생각해 볼 수 있다. 또한 마리아의 잉태같이 아버지 없는 기이한 탄생이라고 할 수 있으며 성장과정에서는 그리스의 테세우스의 아비 찾기 신화와 우리 신화 속 유리의 아버지 찾기와 맥이 닿아 있고 자신의 능력을 시험받으면서 영웅성을 획득해간다는 점에서 헤라클레스의 열두 가지 과업의 신화소가 들어있다고 볼 수 있다. 소년은 네 개의 키바라고 하는 시련을 통해 자기 존재의 정체성을 찾아간다. 이는 어린이들의 모험심에 힘을 실어 주는 것이라 할 수 있다.

『제랄다와 거인』의 주인공은 비범한 탄생도 비범한 능

력도 가지지 않은 그저 평범한 6살 여자아이이다. 마을은 어린아이를 잡아먹는 거인 때문에 어린아이를 모두 지하 비밀창고에 숨겨두고 거리와 학교에는 아이들의 모습이 보이지 않는다. 거인은 이제 더 이상 아이들을 먹지 못하고 귀리죽과 양배추와 찬 감자로 요기를 해야 해서 매우 화가 났다. 외딴 곳의 제랄다는 아버지와 함께 살았고 이 괴물의 정체도 모른다. 어느 날 아버지 대신에 시장에 곡식과 가축을 내다 팔아야 하는 임무를 맡고 길을 가는데 거인은 이 아이를 잡아먹으려다 그만 바위에서 떨어져 정신을 잃고 만다. 여자아이는 자신의 곡식과 가축으로 세상에서 가장 맛있는 음식을 만들어 주고 거인은 처음 맛보는 이 황홀한 맛에 그만 정신이 나가서 아이들 맛을 잊어버리고 성으로 제랄다를 초대해서 요리를 하게 한다. 거인의 이웃에 사는 다른 거인들까지 제랄다의 요리에 의해 입맛이 바뀌어간다. 드디어 제랄다는 성인이 되었고 거인은 이제 사람 따위는 잡아먹지 않는 정상적인 사람이 되었다. 6살 제랄다는 무서운 현실을 피하지 않고 사랑과 정성으로 현실을 변화시켜가는 영웅적 면모를 지니고 있다. 자신의 능력을 올바른 방향으로 발전시켜 세상을 변화 발전시킬 수 있다는 주제의식을 가지고 있는 이 이야기는 어린 아이의 세계에 커다란 영웅심을 갖게 한다. 영웅의 시련은 고난이 아니라 삶의 단련이라는 의미가 바로 여기에 해당한다. 이는 우리 민간 신화 〈원천강본풀이〉의 어린 여자 아이 오늘이가 어려운 통과제의를 거쳐 계절의 여신이 되는 영웅성과 일맥상통하는 영웅성이다.

『반쪽이』에서는 아이가 없는 아줌마가 신령님께 아이를 갖게 해달라고 빈다. 그런데 꿈속에 나타난 계시는 우물의 세 마리 잉어가 있으니 그것을 먹으라는 것이었다. 아줌마는 우물로 가서 잉어 세 마리를 먹다가 마지막 한 마리는 배가 불러 쉬고 있는데 고양이가 반쪽을 먹어버린다. 얼마 후에 태어난 아이들은 남자아이가 세 명인데 마지막에 태어난 아이가 반쪽만 있는 반쪽이인 것이다. 그런데 반쪽이는 다른 형제들에 비해서 월등히 힘도 세고 지혜로웠다. 밧줄에 묶여진 반쪽이는 호랑이를 만나게 되는데 그 많은 호랑이를 모두 잡아 호랑이 가죽을 얻는다. 호랑이 가죽이 탐이 난 이웃의 부자와 장기를 두어서 그 집 딸을 얻게 되는데 부자는 반쪽이와의 약속을 어기고 딸을 주지 않으려 한다. 지혜를 발휘한 반쪽이는 부잣집 딸을 밤중에 업어오는데 성공하고 잘 살았다는 이야기이다. 이 반쪽이 이야기 역시 영웅신화의 면모를 가진다. 남들보다 부족하게 태어난 반쪽이가 남들보다 더 용감하고 더 비범한 능력을 가지고 있다는 것은 영웅의 결핍이 오히려 더 영웅적으로 만든다는 역설이 가능해지는 이야기이다. 모든 인간은 인생의 무대 위에서 자신의 드라마를 수행해야 하는 주인공이다. 영웅신화는 개인들이 어떻게 사회적 드라마를 이끌어야 하는지를 원형적으로 잘 보여 주고 있다(이경재, 2002:292).

영웅은 처음부터 모두 갖추어진 완벽한 인간이 아니라 부족한 자아를 극복하고 완성되어 가는 과정을 거쳐야 함을 시사하고 있다고 하겠다.

2. 소설 속에 재현되는 신화성

(1) 소리를 통한 창조신화의 현현 : 이청준의 『서편제』

인간이 죽어서 다른 무엇으로 된다는 것은 사후의 세계가 인정된 신화적 사유의 산물이다. 인간이 과거로 연결된 현재, 미래로 연결된 현재를 인식한다는 것 자체가 인간이 신화적 존재로 읽혀지는 대목이다. 이 소설은 동호라는 오빠가 누이와 소리를 찾아 떠나는 여정 형식으로 되어 있다. 소릿재에 소리꾼이 산다는 소식을 듣고 동호는 그 곳을 찾아간다. 여기에서 듣는 소릿재라는 이름의 유래는 자기가 그토록 싫었던 아버지의 유골이 묻힌 곳이어서 그렇게 불려지게 된 것이다. 신화에서는 죽고 난 후에 꽃으로 변한 경우가 자주 등장한다. 유명한 수선화는 나르시소스의 신화에서 유래되었고, 아도니스신화에서 나오는 장미꽃의 신화, 중국의 신농씨의 요절한 아름다운 딸 요희가 환생한 요초, 아티스의 제비꽃신화 등 무수히 많은 꽃들이 환생한 것들이다. 그러나 신화에서는 눈에 보이는 유형적인 것에만 환생을 부여한 것은 아니다. 나르시소스를 사랑하다 남게 된 에코의 슬픈 목소리가 있는가 하면 눈에 보이지 않는 바람까지도 사체 즉 죽은 자의 것이 생명을 얻은 것이라는 상상력이 바로 신화이다. 중국의 반고라는 거인은 일만 팔천년 동안 잠을 자다가 기지개를 켜고 깨어난다. 반고가 죽었을 때 그의 모든 몸은 우주를 구성하는 요소가 되는 것이다. 마찬가지로 평생 소리만 하다가 죽은 유봉의 몸은 소릿재의 소리가 되어 듣는 이의 가슴에 그 한이 느껴지게 하는 것이다. 사체화성설(死體化聲說)이라고 불러야 할 것이다. 유봉은 친자식은 아니지만 아들인 동호와 친딸 송화에게 소리를 가르친다. 소리를 좋아하는 송화와는 달리 동호는 그 소리가 지겹기만 해진다. 결국 소리를 버리고 아비와 누이동생을 버리고 혼자 도망을 치는 지경에 이른다. 이에 아비는 딸조차 자신과 소리를 떠날지도 모른다는 원초적 공포에 송화의 눈이 멀어지게 하는 약을 먹인다. 명목상으로는 또는 표면상으로는 소리의 한을 심어 주기 위한 것이라 변론하지만 자식과 소리를 동시에 잃을 것을 우려한 매정한 부정이라고도 볼 수 있다. 레비스트로스는 신화가 우리에게 매우 중요한 것을 하나 주었는데 그것은 인간이 우주를 이해할 수 있는 환상이라고 말한다.(나카자와 신이치, 2003:73) 아마도 서편제의 아버지 유봉의 매정한 부정은 예술의 신화라고 하는 환상이 아닐까? 삼국유사에 나오는 에밀레종의 설화 역시 이러한 예술의 신화라는 것으로 그 환상성을 획득하고 있기 때문이다. 우리는 서정주의 『귀촉도』에서 서쪽새의 서글픈 노랫소리가 한 많은 누이의 울음이라는 공감대를 가지고 있으며 김동리의 『까치소리』에서 저녁 까치의 소리가 죽음을 부르는 저승의 노래라는 것을 공유하는 신화성을 체득하고 있다. 마찬가지로 이청준의 소릿재의 소리는 소리만을 위해서 살다가 소리를 잊지 못하고 죽은 한 영혼의 뜨거운 예술혼이 소리로 남아 현현되는 신화성이라 여겨질 수 있다.

자신의 예술세계를 위해 김동인의 소설 『광화사』의 솔거는 소경처녀를 목 졸라 죽인다. 죽이면서 우연히 튀어나간 먹물이 소경처녀의 눈동자를 완성한다. 마찬가지로 이청준의 『서편제』의 유봉은 자신의 소리 예술을 지키기 위해서 자신의 딸의 눈을 멀게 한다. 현실의 세계라면 비정한 부정이라 지탄받을 것이지만 신화와 예술 속에서는 얼마든지 가능한 일이다. 우리가 『광화사』의 솔거와 『서편제』의 유봉에게 연민의 감정을 갖는 것은 우리 안에 남아 있는 신화적 세계에 대한 무의식적인 문화유산 때문이다. 슐레겔Friedrich Schlegel이 신화란 본질상 시라고 말하는 것에 일부 공감이 가는 이유이다.(비얼레인, 1999:353) 신화의 진정한 목적이 객관적 세계상을 제공하는 것이 아니라 인간들이 세계 속에서 자신을 이해하는 방식인 것이다. 우리는 유봉이 송화에게 소리의 한을 심어 주기 위해서 눈을 멀게 하는 신화소를 북유럽의 오딘의 신화소에서 그 실마리를 풀어갈 수 있다. 오딘은 만물의 아버지라고 불리는 신인데 한쪽 눈으로 전 세계를 둘러볼 수 있는 지혜를 가진 신이다. 처음부터 눈이 한쪽인 것은 아닌데 그는 지혜를 얻기 위하여 한쪽 눈을 잃게 된 것이다. 하루는 거인 이미르의 샘에 가서 이미르의 샘물을 마시고 싶다고 말하면서 지혜를 더 쌓고 싶다고 말한다. 그때 이미르는 오딘의 한쪽 눈을 빼서 이미르의 샘에 던졌다. 그 후부터 오딘은 애꾸눈으로 세상을 바라보지만 세상에 대한 그의 지혜는 한층 깊어졌다. 질베르 뒤랑에 의하면 신화적 작용은 끊임없이 되풀이되며, 신화적 몽상 때문에 인류는 희망을 갖고 살아올 수 있었으며, 그 몽상 속에서 신화적 유산은 이어져 왔다(질베르 뒤랑, 1996). 득음의 경지에 도달하기 위해서 유봉은 송화의 눈을 멀게 했다. 이는 최상의 것을 얻으려면 진정으로 소중하게 여기는 것을 희생해야만 한다는 일종의 신화작용이라고 할 수 있다.

이 소설에서 가장 감동적인 장면은 동호가 누이동생 송화와 맞대면하는 것이라고 할 수 있다. 동호는 자신의 신분을 직접 말하지는 않지만 송화는 이미 그가 자기의 오라비임을 직감적으로 알게 된다. 둘은 소리와 장구에 의해서 하나가 된다. 여기에서 우리는 신화에 뿌리 깊게 전해 내려오는 창조신화로서의 오누이 신화를 떠올리게 된다. 세상에 남은 것은 오누이뿐인 신화에는 중국의 신화인 여와와 복희가 있고 일본의 이자나기와 이자나미의 신화가 있으며 한국 맷돌신화의 오누이가 있다. 오누이는 자신들의 처지에 대해서 고민하다가 신에게 그 해답을 구하게 된다. 복희와 여와는 세상을 창조하는데 있어서 둘의 결합의 당위성을 두 산봉우리의 연기가 하나로 합쳐지는 것으로 허락을 받는다. 인류는 그로써 탄생되었으며 일본의 이자나기와 이자나미는 부족한 것과 남는 것을 일치시킴으로써 일본이라는 섬을 하나씩 만들어냈다는 것이다. 한국의 오누이 역시 숫맷돌과 암맷돌이 산 위에서 구르다가 자연스럽게 일치되는 것을 신의 허락의 징표로 받아들인다.

■ 복희와 여와: 홍수 후에 유일하게 살아남은 오누이로 신의 허락을 받아 부부가 된다.

신화에서의 근친상간은 매우 친숙한 신화소이다. 서양의 오이디푸스가 있듯이 동양엔 복희와 여와와 같은 이야기류인 오누이 신화들이 있다. 서양의 오이디푸스가 비극적인 결말 즉 오이디푸스의 눈이 멀고 이오카스타가 자살을 했던 것과는 다르게 동양의 오누이는 그렇게 비극적이지는 않는다. 나름대로의 합일의 정당성을 부여받고 있으며 결말도 비극적이지는 않다. 서편제의 오누이는 소리에 의해서 상징적으로 결합되는 상징적 근친이라 할 수 있다. 이러한 근친이 예술적으로 승화되고 있는 근본적인 이유는 소리를 통해 하나의 예술세계를 창조하기 때문이다. 이는 일련의 동양의 오누이신화가 세계를 창조하기 위해 이루어 놓은 상징적 당위성의 신화소가 담겨 있기 때문이다.

(2) 현실과 신화의 경계 지점 : 한강의 『몽고반점』

『몽고반점』은 인류의 시원에 대한 신화적 시니피에이다. 비디오 아티스트인 주인공은 전자 음악, 현란한 의상, 과장된 몸짓과 성적 몸짓 속에서 더 이상 예술의 의미를 찾지 못하고 자신이 꿈꾸는 원시 생명에의 꿈을 담은 예술을 구현하고자 할 때 일본 작가의 사이키델릭한 꽃 모양의 남녀가 목마른 물고기처럼 파닥거리는 난교의 장면에서 새로 시작해야 하는 예술의 아이디어를 찾는다. 그는 이 년의 공백을 극복할 수 있는 생명과 예술의 에너지를 처제의 몽고반점에서 느끼게 된다. 처제의 몽고반점을 부인에게 듣기 전까지는 가지를 치지 않은 야생나무 같은 처제의 모습이 형부로서 좋았을 뿐이었다. 그런데 처제의 몽고반점은 그를 흔들리게 했다. 그는 자신의 추악한 욕망에 침을 뱉고 싶었지만 이미 그의 욕망은 신화의 시원을 향해 달리고 있었다. 처제는 고기를 먹지 않는 채식주의자이다. 그래서 식구들로부터 따돌림을 받지만 처제는 그러한 대우에 흡사 야생 동물의 그것처럼 적극적으로 덤빈다. 처제의 고기 금식의 원인은 얼굴의 꿈, 악몽 때문이다. 아마도 그 얼굴이란 테러로 죽어가는 사람들의 얼굴, 복수에 불타서 자폭하는 사람들의 얼굴, 아무것도 모르는 순진한 아이가 굶어서 죽는 처참한 얼굴, 이름 모를 병에 죽어가는 얼굴, 분노에 찬 세상의 많은 얼굴들일 것이다.

몽고반점을 가진 처제의 몸은 더 이상 현실의 에로틱한 육체가 아니라 원시 시원의 신화 속에 존재하는 비너스의 형상이다. 인류의 신화가 남성 중심으로 형성되기 전에 신화의 주인공은 여성 신이었다. 가이아로 불려지는 대지모신이 자기가 속한 사회를 이끌어가고 있었고 이러한 사회적 특성을 반영한 것이 그리스신화의 비너스가 아니라 서부 프랑스나 시베리아 등에서 발견되는 다산의 비너스 상인 것이다. 다산의 비너스는 생명을 창조하는 여성의 능력을 경외감을 가지고 숭상했던 신화적 사고의 소산이다. 『몽고반점』의 처제는 짐승도 사람도 아닌 성스러운 것이면서 식물이기도 하고 동물이기도 하고 인간이기도 하고 아니면 그 중간쯤에 존재하는 낯선 존재이기도 한 것이다.

처제는 대지의 여신 가이아나 데메테르의 화신으로 현현된 신화적 인물이다. 그녀는 얼굴을 보지 않기 위해서 고기를 먹지 않고 곡물과 나물과 날 야채를 먹는다. 처제는 마치 모든 일에 수도승처럼 담담하다. 그는 그 모습에 차

라리 두려움마저 느끼는 것이다. 처제는 그의 예술의 모델이 되고 있었지만 실상은 자신이 세상에서 벗어나 가장 자기다운 것을 찾아가는 자기구원을 실현시키고 있는 것이었다. 집에서도 맨몸이 더 자연스럽고 옷을 입는다는 것이 거추장스러웠던 그녀이기에 맨몸에 꽃을 그린다는 것은 자신의 무의식적인 심층에 아니면 자기의 본질에 더 가깝게 다가가는 행위로 받아들여졌을 것이다. 그녀는 흡사 여러 가지 꽃들로 만들어진 식물이었는지도 모른다.

인간의 가장 근원적인 욕망이면서 가장 터부시되는 금기는 바로 근친에의 욕망이라고 한다. 『몽고반점』은 그러한 도덕적 금기를 아슬아슬하게 끄집어내어 이야기하면서도 교묘히 예술과 신화의 세계로 미끄러져가고 있다. 따라서 이 글에 지배적으로 등장하는 '몸'과 '성'의 관능적 에로티시즘은 글의 핵심을 이해하는 진정한 도구가 되지 못하고 있으며 오히려 '몸'과 '성'의 묘사는 신화적 상상력을 자극시켜서 자연과 하나가 되는 여신상을 만드는 데 일조하고 있음을 볼 수 있다. 여기에서 처제는 사람도 식물도 동물도 아닌 경계에 우두커니 서있는 존재가 아니라 이 모두에 속할 수 있는 신화 속의 가이아 여신의 상징이라고 할 수 있다. 가이아 여신의 몸을 통해서 모든 꽃은 피고 아름다움을 발하게 되는 것이다.

오비디우스의 『변신이야기』의 피그말리온은 아프로디테를 섬기던 퀴프로스의 풍기가 문란해질 대로 문란해져 있었기에 여자를 집안으로 들이지 않고 혼자 살았다. 엄밀히 말하면 혼자서가 아니라 자신이 만든 대리석 석상의 여인과 함께 산 것이다. 그는 이 대리석 석상의 여인을 가꾸고 사랑하며 신께 기도를 올렸다. 아주 간절히, 아프로디테 축제 때 여신은 그의 소원이 너무 간절해서 석상에게 생명을 불어넣었고 피그말리온은 그녀와 결혼해서 자식까지 낳고 잘 살았다. 이것은 신화의 이야기이다. 그러나 이 신화의 그림자가 『몽고반점』이라는 작품에 깊게 드러나고 있음을 간과할 수 없다. 비디오 아티스트인 주인공은 지금까지의 자기의 작품을 모두 잊어버리고 싶은 충동을 느끼고 지금 공연 중인 작품들의 속된 선정성에 염증이 난다. 현실에 환멸을 느끼는 그에게 자꾸 겹치는 운명 같은 영상은 무엇인가를 간절히 소망하게 만든다. 그 소망은 너무나 위험한 것이어서 감히 자신을 이성적으로 받아들일 수 없다. 처제를 통해서 구현될 수 있는 야생의 원시적 신화성과 그 신화성 속에서 아름다운 꽃과 색채로 거듭날 처제의 모습, 그 모습에 자신이 빠져드는 원시림 같은 열정 등을 그는 간절히 원하고 있었다.

그의 소망은 아내로부터 처제의 몽고반점에 대한 이야기를 듣고부터 더욱더 간절해지는 것이다. 그는 자신의 예술적 욕망을 실현하기 위해서 어쩌면 퇴화해야 마땅한 몽고반점에 대해서 그렇게 강한 집착을 보이는 지도 모른다. 도덕과 사회적 규범에 둘러싸인 그에게 자신의 예술적 욕망은 지옥과 같았다. 그는 자신이 지옥에서 빠져나오는 유일한 통로를 처제의 몽고반점이라고 생각한다. 그런데 그의 예술적 욕망은 자살과 은둔과 정신병동으로 지칭되는 처제의 죽은 영혼에 꽃을 달아 주는 것이 된다. 이미 죽어가던 여신의 몰락을 그는 피그말리온이 대리석을 깎아서 대리석 여인을 만들 듯이 갖가지 화려한 꽃으로 그녀의 몸을 장식해준다. 그러한 꽃송이 하나하나가 그녀의 몸을 다시 살아나게 하는 신화적 상징체가 되는 것이다. 주인공이 처제처럼 자신의 몸을 꽃으로 뒤덮이게 하는 것은 피그말리온이 대리석상과 사랑하고 싶어 했던 근원적인 욕망에 닿아 있다. 그에게 꽃이 뒤덮였을 때 그는 더 이상 현실의 사회적이고 도덕적이고 이성적인 그가 더 이상 아닌 것이다. 오직 여신의 암술을 탐하는 남신의 수술이 있을 뿐이다. 여기에서의 식물성의 이미지는 바로 여성과 남성의 이미지가 아니라 암꽃과 수꽃이라는 자연의 조화로운 합일로 승화되고 있다는 것이다. 이러한 장치는 이 소설이 바로 자연의 일부로 화(化)하고자 하는 신화적 세계관의 소산일 것이다.

『몽고반점』은 무엇을 말하려고 함인가. 끊임없는 질문으로 치달을 때 그 끝자락에서 신화 속의 나르시소스의 모습도 함께 보게 된다. 『몽고반점』의 현실은 유폐되어 있다. 특히 비디오 아티스트인 그와 자연을 닮은 식물적인 처제에게 세상은 유폐된 공간에 다름 아니다. 우리는 여기

■ 나르키소스 : F. 폰 쉬트크의 작품, 자신의 모습에 도취되어 우물에 빠져 죽은 미소년

에서 자기애에 탐닉하는 나르시소스를 보게 된다. 그는 현실에서 자기의 예술이 더 이상 나아갈 곳이 없다는 절망을 가지고 있으며 원시의 식물성으로 대변되는 처제는 세상과 단절되고 의사소통이 불가능한 존재이다. 그는 처제의 몸에서 구현되는 자신의 예술적 영감과 원시의 생명력에 점차 몰입되어 간다. 자기의 몸에 꽃을 하나 가득 그린 그는 처제의 집으로 가서 자기와 처제의 원시적 생명력을 담은 예술작품을 완성시켜 나간다. 그들이 재현해내는 공간은 신화적인 신성한 공간이자 나르시소스의 우물 안이라고 할 수 있다. 그 우물 안의 한 쌍의 꽃은 세상에서는 존재하지 않는 신화적 세계에서만 존재하는 모습인 것이다. 2016년 앤부커상을 받은 『채식주의자』는 『채식주의자』, 『몽고반점』, 『나무 불꽃』을 하나로 연결한 연작이다. 이 일련의 소설 속의 한 여자는 폭력을 거부하면서 음식을 멀리하고 점점 나무가 되어 가면서 죽음에 다가간다. 이는 현대의 잔인한 문명의 폭력성에 대한 냉철한 비판을 환상적인 신화성을 통해 보여주는 몽환적 이야기들이다.

가장 한국적인 신화적 상상력이 가장 세계적일 수 있다는 것을 보여준 작품이라고 볼 수 있다.

(3) 신화적 코드로 압축 파일 열기 : 김훈의 소설들

무거움의 배려가 있어야만 가벼움이 존재할 수 있는 것이라는 단순하지만 중요한 진리가 김훈의 소설 여기저기에 압축된 파일처럼 열리기를 기다리고 있다. 무거움이 살아가야 하는 존재들의 숙명적 과업이라면 가벼움은 살아지는 존재들의 변명쯤이라고 불릴 수 있을 것이다. 그의 소설 『빗살무늬 토기의 추억』에서 불을 끄다가 죽은 관창수, 장철민의 죽음에 대해서 서술자 '나'는 무거움과 가벼움의 사유를 진행시킨다. 장철민이 불도우저의 레버를 조작하는 가벼움은 버거움과 무거움이 계속되는, 무거움이 버거움을 버거움이 무거움을 빨아들이는 것이라고 생각한다. 장철민을 둘러싼 세상은 무거움과 가벼움의 양분화된 세계로 재현된다. 불도우저로 무거웠던 산의 아랫도리는 모두 파헤쳐져서 가벼워지고 입안에서 심한 구린내가 나는 장철민의 어머니는 그에게 무거움이면서 동시에 장철민 어머니의 앙상한 육체는 삶의 가벼움이기도 하다. 또한 안마사 김복희의 삶도 보이지 않는 세상을 버겁게 살아가야 하는 무거움의 표지인 것이다. 그러한 삶의 무거움 앞에서 장철민의 몸짓은 가벼움이다. 불도우저의 작동과 소방기기의 작동은 존재의 무거움에 비하면 실존의 가벼움이라고 할 수 있다. 『칼의 노래』의 이순신 역시 그러한 무거움과 가벼움에 대한 깊은 사유를 보이고 있다. 이순신은 무거움의 끝에 자신을 올려놓고 가벼움의 끝에는 임금을 올려놓으며 끊임없이 사유와 관념의 시소를 탄다. "나는 정치적 상징성과 나의 군사를 바꿀 수는 없었다...... 나는 임금의 장난감을 바칠 수 없는 나 자신의 무력을 한탄했다"라고 말한다. 따라서 그의 무(武)는 임금이 손댈 수 없는 곳에 건설되어야 마땅하다고 생각하며 그는 칼보다 강한 한 문장 "......신의 몸이 아직 살아 있는 한 적들이 우리를 업신여기지 못할 것입니다"를 가벼운 임금에게 무겁게 보낸다. 무거움과 가벼움의 사유는 『화장』이라는 단편소설에서 더욱 정교하게 그려지고 있다. 죽어가는 아내의 몸과 건강함의 표상인 추은주의 몸은 화장(火葬)되는 아내의 몸의 가벼움과 화장(化粧)한 젊은 추은주의 삶의 풍성한 무거움으로 병치되고 있다. 또한 이것은 화장품 광고 문안 '내면 여행'과 '가벼워진다'로 이어지고 전립선으로 고생하는 자신의 방광의 무거움과 가벼움으로 이어지고 있다.

인간은 무겁고 버거운 삶 속에서 허우적거리다 결국 허무하고 가볍게 생을 마감한다. 『화장』의 부인은 세 번의 수술로 생물학적 생존마저 위협받으면서 삶과 죽음에 투항했으나 결국 죽음에 이른다. 『빛살무늬 토기의 추억』에서 장철민은 불이 난 건물에서 불씨를 끄기 위해, 아니 어쩌면 불의 시원을 소멸시키기 위해서 불과의 사투를 벌이다 죽음에 이르게 된다. 『칼의 노래』의 이순신 역시 마지막 노량에서 자신의 죽음을 예견하면서도 끝까지 피하지 않는다. 김훈의 소설에 등장하는 죽음은 비장하고 용감하다. 죽음을 예견하고 죽음에 이르기까지 자신의 실존적 존재의식을 지키고자 하는 '자연사'인 것이다. 여기에서 자연사를 택하는 주인공들은 사르트르의 실존적 자아의 개념인데 목수나 기술자가 만들어 내는 운명이 아니라 제 스스로 선택하고 만들어가는 존재인 것이다. 자신의 선택에 따라 스스로 존재를 자유롭게 만들어 나간다. 즉 존재가 우선하는 것이다. 따라서 이 소설에서 죽음에 이르는 자연사라는 개념은 타살의 개념과 대치되는 개념이라고 할 수 있다. 천수를 누리고 죽었다는 말에서 천수의 개념은 매우 주관적이라고 할 수 있는데 다른 존재나 세상에 의해서 억지로 죽은 타살이 아니라 스스로 살만큼 살았다는 천명의식이 바로 자연사라는 말로 표현되고 있다.

죽음이 삶의 다른 측면이라는 개념은 삶과 죽음이 근본적으로 닿아있는 만다라와 같은 형상이거나 자신의 꼬리를 물고 있는 뱀인 우로보로스의 형상임을 알 수 있다. 이 꼬리를 물고 있는 우로보로스는 포악함과 온화함, 파괴와 생산 즉 자기 소멸과 갱생, 분열과 통합, 창조와 멸망의 상반된 의미를 함께 가지는 개념이다(이강엽, 2004:137). 이러한 모순된 삶과 죽음의 의미를 우로보로스의 형상으로 그리고 있으며 그러한 세계는 인물들을 통해서 재현된다. 김훈 소설의 인물들은 한 시대를 살다가는 단절된 인물들이 아니라 신석기의 토기를 만지던 사람들이거나 아니면 저 프로메테우스 시대의 불의 혜택을 고마워하지 않았던 사람들일 수도 있으며 나라를 건설하고자 했던 신화 속 영웅들의 모습일 수도 있다. 각각의 인물들은 기묘하게도 과거의 인물들을 그대로 재현하고 있는데 아들은 아비의 모습을, 딸은 어미의 모습을 괴로울 정도로 닮아 있다. 이러한 닮음 속에서 삶과 죽음의 끈질긴 고리는 끊어지지 않고 계속되는 것이다. 『빗살무늬 토기의 추억』에서 나는 여섯 살 아들의 모습을 보면서 "혈통의 수만 년을 거슬러 올라가 신석기의 어느 눈 내리는 겨울날 돌도끼와 뼈 화살을 들고 사냥감을 찾아 벌판을 헤매이던 내 아비의 아비……"를 생각한다. 『화장』과 『칼의 노래』에서도 삶과 죽음, 인간의 질긴 고리를 딸아이와 아내, 아비와 아들의 닮음을 가지고 풀어내고 있다. 『화장』의 나는 딸이 지독히도 엄마를 닮았다는 것에 대해서 끈질긴 인간의 순환을 느끼는 것이다. "마무리를 추스르는 동안의 긴 울음까지도 딸은 아내를 닮아 있었다"와 "자꾸만 아내의 영정과 겹쳐지는 딸의 얼굴도 견디기 힘들었다"라는 진술은 인간의 삶이 영원히 끝나지 않는 우로보로스 같은 것임을 말해 주는 것이다. 『칼의 노래』에서 나는 아들이 나를 닮은 것을 보면서 운명의 슬픔을 느끼는 것이다. "내가 보기에도 면은 나를 닮았다...... 아비를 닮고 태어나는 그 씨내림이 나에게는 무서웠다"라고 『칼의 노래』에서 진술하는 것으로 우리는 김훈의 삶과 죽음의 세계를 엿볼 수 있다. "삶과 죽음은 서로 꼬리를 물고 있었다. 나는 그 꼬리에 물려서 죽는 죽음이 두려웠다"라는 직접적인 진술을 보면 그가 생각하는 삶과 죽음은 자신의 꼬리를 물고 있는 우로보로스의 모습을 띠고 있다.

『빗살무늬 토기의 추억』의 나의 사유 안에서 장철민의 죽음에 대한 퍼즐 게임은 계속되고 있다. 불도저를 몰고 택시를 몰았던 장철민이 서른의 나이에 찾아든 소방관 일의 의미는 무엇이었을까. 그리고 불을 끄러 가는 그의 치열한 몸짓의 의미는 무엇이며, 끈질기게 진화 지점에 매달리는 그의 사투는 무엇을 의미하는가. 아마도 그것의 대답은 프로메테우스에게 있는 듯하다. 프로메테우스. 얼마나 인간에게 고마운 문화 영웅인가. 인간에게 불씨를 가져다주고 그 후로 인간의 역사는 크게 진보된 문화를 가지게 되었다. 그 죄로 그는 밤마다 제우스의 독수리에게 간을 쪼아 먹힌다. 그러나 장철민은 문명의 발달에 문제가 있다는 생각을 하고 있는 것 같다. 진화 지점을 끈질기게 소멸시키려고 한 것은 불씨를 살리려고 했던 신석기인에 대한 반항이며 프로메테우스에게 겨누는 소방호인 셈이다. 문명의 발달로 인해 생기는 수많은 문제들을 끄고 싶은 신화적 욕망의 표현에 다름 아닐 것이다.

(4) 성장의 통과의례에 차용된 신화소 : 황순원의 소설들

황순원의 소설에 나오는 주인공들은 대부분 소년 소녀들이다. 대표적인 작품 『별』, 『닭제』, 『소나기』 등에서도 잘 드러나고 있는 이러한 특징은 일찍이 성장소설이라는 용어인 '이니시에이션'으로 정의되어 왔었다. 이 개념은 인류학적인 용어로 어린이가 성인 사회의 한 구성원으로 들어오기 위해 치러야 하는 육체적 정신적 고통의 절차를 의미한다. 즉 주인공 또는 영웅이 무지나 미성숙의 단계로부터 사회적 정서적 성년으로 통과해 감에 따라 일련의 힘든 시험을 겪게 되는 것이다. 따라서 황순원의 일련의 작품들을 이니시에이션 소설이라 칭할 수 있게 된다. 사춘기의 소년이나 소녀가 죽음과 성 또는 선과 악의 도덕적 갈등 그리고 미와 추의 인식과 자아의 각성 같은 일련의 충격적인 경험을 하면서 이전과는 다른 모습을 띠게 되는 것이다(이재선, 1979:471).

『별』에서 나오는 소년은 죽은 어머니의 이미지를 별에 투사시키고 있으며 현실의 어머니 역할인 누이의 추한 모습을 혐오한다. 누이가 어머니처럼 베풀어 주는 사랑을 모두 거부하면서 어머니에 대한 순수한 이미지를 지키려고 하지만 과수노파가 알려 주는 사실 즉 누이가 죽은 엄마를 꼭 닮았다는 이야기를 듣고 더욱더 누이를 부정하게 된다.

그러던 누이는 시집을 가고 소년은 성숙에 이르게 되는데 누이의 죽음을 전해 듣게 된다. 소년은 죽은 누이가 몇 년 전 자신에게 만들어준 각시인형을 다시 찾아보고 잡아 주던 당나귀도 다시 타보지만 이젠 넘어지지도 않을 만큼 커버린 것이다. 소년이 어머니를 사랑하는 과정과 그 어머니로부터 자기 자신을 독립시켜 가는 과정은 오이디푸스 신화소의 차용이라 할 수 있다. 이 과정에서 소년은 죽음의 입사식을 치르게 되는데 어머니의 죽음은 그야말로 환상적인 아름다움으로 포장되어 있다. 죽은 어머니는 별처럼 아름다운 대상이기 때문에 그에게 죽음의 입사식을 겪게 하는 직접적인 대상이 될 수 없으며 실제로는 현실의 미운 어머니 즉 누이의 죽음을 통해서 성장을 겪는다고 볼 수 있다. 여기에 나타나는 신화소인 오이디푸스 신화소의 차용은 성장의 단계에서 거쳐야 하는 근친에 대한 사랑을 보여 주고 있다. 소년의 어머니와 누이에 대한 사랑은 죽음이라는 통과제의를 통해 현실의 기제에 맞게 형성되어가는 과정을 보이고 있다.

『닭제』의 주인공 소년은 수탉 한 마리를 키운다. 그런데 이 수탉은 모가지에 온통 붉은 살을 드러내고 날갯죽지 끝에 윤기 없는 털을 달고 있는 데다 검고 줄어든 윤기 없는 볏을 한 매우 흉측하게 생긴 모양을 하고 있다. 그런데 어느 날 마을의 반수 영감의 "그 닭을 어서 잡아먹어야 한다. 인제 좀 더 있으면 뱀이 돼 간다"는 말을 듣고 소년은 뱀에 대한 연상에 의해 심리적인 동요를 일으킨다. 소년은 구렁이가 산다는 소문이 있는 동구 밖으로 가서 동리의 교사 조카와 반수영감의 손녀가 밀회를 한 흔적으로 남은 붉은 댕기 옆에 닭을 죽여 버리고 그때부터 소년은 경련을 일으키며 자리에 눕고 만다. 반수영감은 닭이 뱀이 되어 소년을 괴롭힌다고 말하고 소년에게 담배연기를 쐬고 복숭아채로 매질을 한다. 회복된 소년은 제비집의 새끼들이 무사함을 보고 다시 실신해버리는데 소년의 실종에 대해서 반수영감은 소년이 연못에 빠져 죽었을 거라고 단정한다. 그러나 소년이 교사에 의해 발견되었을 때 썩어 가는 닭과 구더기, 댕기가 옆에 있었다. 이 소설의 신화소는 샤먼적인 속성이 강하다. 닭이 늙어서 뱀으로 변하고 그 뱀이 다시 사람을 괴롭힌다든가 아니면 냇가의 미꾸라지가 용이 되어 간다든가 혹은 반수연감의 귀신 쫓기 도구로 복숭아채가 등장하는 것도 매우 신화적인 상상력의 소산이다. 동양신화에서 복숭아는 매우 중요한 상징체가 되고 있다. 중국의 활의 명수인 예는 제자 봉몽의 복숭아 몽둥이로 맞아죽는 비운을 당한다. 사람들은 예의 업적을 기리기 위해 복숭아를 제사상에 올리지 않는다. 복숭아에 대한 또 다른 이야기는 일본의 신화이야기로서 이자나미를 찾으러 밤의 나라에 간 이자나기는 부패해져버린 아내의 시신을 보고 겁이나 도망치는데 이자나미는 밤의 정령들에게 남편을 잡아오게 한다. 이자나미가 보낸 무리들이 다가오자 이자나기는 그들에게 복숭아를 던졌는데 그들이 무서워서 도망갔다. 따라서 복숭아는 오늘날까지도 악귀를 쫓아내는 것(비얼레인, 1993:88)으로 알려지고 있으며 이 소설의 반수 영감은 그러한 신화적 상징물을 자유롭게 구사하는 영매와 같은 존재이다.

『소나기』는 성에 눈뜨게 되는 사춘기의 소년 소녀의 애틋한 초련의 경험을 통해 인생 입문의 과정에서 보편적으로 겪게 되는 외상적인 아픔과 정서적인 손상을 다루고 있다(이재선, 1979:478-479). 가세가 기울어서 시골로 내려온 소녀와 시골 소년의 사랑이 여름 소나기라는 매개체에 의해서 한층 증폭되고 있음을 볼 수 있다. 이는 신화 속에 등장하는 홍수의 상상력과 맞물려 있는데 바로 물의 이미지라고 할 수 있다. 정재서는 서양의 홍수가 신의 뜻에 합당한 인물들만 남게 했다고 보고 그에 반해 동양의 홍수신화는 남매만을 생존시켜 이들의 근친을 허락하는 것으로 해석된다. 이런 의미에서 동양의 홍수신화는 물을 통한 에로티즘을 구현시키고 있다고 본다. 동양신화에는 여자들만 사는 나라가 있는데 여기에서는 물에 목욕만 해도 임신을 하고 무산무녀의 운우의 정이라는 것도 구름과 비로 실현되는 사랑이기 때문에 물의 에로티즘이라고 볼 수 있다는 것이다. 마찬가지로 『소나기』에서 물의 이미지는 중요한 신화소가 되고 있다. 소녀가 들여다본 물 속을 소년이 다시 들여다보는 것은 나르시소스적인 상상력이며 난데없이 쏟아지는 소나기로 인해 개울물은 처음의 온화한 물의 모습이 아니며 거친 탁류가 되어버린다. 이는 과잉된 물의 이미지로 과잉된 에로티시즘을 보여 주고자 한 것이다(정재서, 2001:349-378).

(5) 샤머니즘의 신화세계 : 김동리의 소설들

김동리 작품의 세계는 신화적이라는 표현이 가장 잘 어울린다. 그의 단편 『무녀도』, 『황토기』, 『등신불』, 『바위』, 『까치소리』 등이 신화적 사유의 대표작이라 할 수 있다. 특히 『무녀도』에서는 모화의 무속세계와 욱이의 기독교적 세계의 갈등을 보여줌으로써 두 신화의 세계가 갈등을 겪고 있는 것으로 보인다. 그리고 이들 사이의 낭이의 존재는 두 신화의 세계에서 갈등을 겪게 되는 인물이다. 김동리 신화성의 가장 큰 중심은 샤머니즘이라고 할 수 있는데 이때 모화는 샤먼 즉 영매에 해당하는 인물이기 때문에 영혼의 통어자이기도 한 것이다. 모화와 같은 무당은 살아서 생명이 붙어 있는 동안에 영혼의 저승 나들이가 가능한 유일한 인간이며 우리의 바리데기나 몽골의 쿠바이코, 만주의 니잔, 일본의 이자나기를 모두 샤먼으로 묶어볼 수 있으며 서양으로 확장해 봤을 때 오르페우스나 길가메시신화도 저승과 이승을 왕래했던 샤먼적 신화이다(김열규, 2003:38). 『무녀도』에서 나오는 모화의 집 풍경과 낭이의 출생, 욱이의 예수 귀신을 무찌르기 위한 모화의 기도, 어미의 죄를 사하기 위해 죽어가는 욱이의 희생, 마지막 굿을 하다가 우물에 들어가는 모화의 모습 등 샤먼적인 신화가 전체적으로 작품을 주도해 간다.

먼저 모화의 집은 샤먼적 신화가 존재하는 공간으로서 상징화 되는 곳인데 일상적인 삶의 모습과는 다르며 원시 신화 속의 굴과 같은 모습을 보인다. "돌담이 에워싼 안의 공지같이 넓은 마당에는 수채가 막힌 채...... 이미 수십 년 혹은 수백 년 전에 벌써 사람의 자취와는 인연이 끊어진 도깨비굴 같기만 했다." 이러한 모화 집의 풍경은 샤먼적 세계가 존재하는 필연성을 덧붙여 주고 있으며 여기에 사는 모화의 눈에는 "모든 것이 귀신으로만 비친다는 것이었다. 그것은 사람뿐 아니라 돼지, 고양이, 개구리, 지렁이,......풀, 밥, 연, 바가지, 다래끼, 솥, 숟가락, 호롱불...... 이러한 모든 것이 그녀와 서로 보고 부르고 말하고 미워하고 시기하고 성내고 할 수 있는 이웃사람같이 보여지곤 했다. 그리하여 그 모든 것을 '님'이라고 했다." 모화의 이러한 사상은 샤머니즘의 애니미즘과 토테미즘에 근거한 것이라 할 수 있다. 샤머니즘에서는 특이한 애니미즘과 연계해서 유기체와 무기체, 하늘과 땅, 미시와 거시, 존재하는 모든 것에 영혼을 부여했다. 이로 말미암아 모든 것은 생체였고 그 생체의 생체일 수 있는 궁극적인 근거가 영혼이다(김열규, 2003:40).

모화는 딸 낭이에 대해서도 이러한 샤먼적인 생각을 하는 것이다. 즉 낭이는 수국 용신님께서 잠깐 자신에게 맡겼으므로 자기는 잠시 맡아 있는 것뿐이라고 말한다. 그래서 만약 자신이 낭이를 잘 돌보지 않으면 큰어머니 되는 용신님의 노염을 살까 두렵다고 말하고 있다. 모화의 말에 의하면 낭이는 수국 꽃님의 화신이며 모화가 꿈에 용신님을 만나 복숭아 하나를 얻어먹고 꿈꾼 지 이레 만에 낭이를 낳은 것이라고 했다. 수국 용신님의 딸 열두 명이 산신님의 열두 아들과 짝을 맺다가 열두 번째 꽃님이 순서를 어겨 용신님과 산신님의 노여움을 받게 되어 귀가 먹은 채 말없는 벙어리가 되었다는 것이다. 자신의 자식까지 수국 용왕의 딸이라 믿을 만큼 모화의 삶은 샤먼적인 것이다. 이는 우리 신화의 동해용궁이 딸을 인간세상으로 보냈다(신동흔, 2004:38-45)는 신화적 모티프의 차용일 것이다. 모화와 욱이는 서로 자신의 방식대로 구원하려다 둘 다 죽음을 맞이한다. 욱이는 기독교의 예수가 인간을 구원하기 위해 못 박힌 희생을 엄마와 여동생의 죄 사함을 받고자 예수처럼 희생을 당하고 모화는 모화 방식의 샤먼적인 방법에 의해 마지막으로 우물에 빠지는 접신의 신화적 세계를 보여 주는 것이라 할 수 있다.

『황토기』에서는 마을에 내려오는 세 가지 전설 상룡설, 쌍룡설, 절맥설 등을 글의 첫머리에 제시함으로써 이 소설이 신화에 근거하고 있음을 밝히고 있다. 이 세 가지의 이야기는 조금씩 다르지만 모두 황토골의 유래를 보여 주고 있다. 이 황토골의 유래가 제시되고 전설에 등장하는 용들의 피가 황토골이 된 것처럼 이야기 안의 억쇠와 득보라는 장사는 한번 싸우면 피가 터질 정도로 서로 뒤엉켜 싸운다. 분이라는 여자를 사이에 두고 싸우는 그들의 모습은 "쌍룡설 - 등천하려던 황룡 한 쌍이 바로 그 전야에 있어 잠자리를 삼가지 않은지라, 상제께서 노하시고 벌을 내리사 그들의 여의주를 하늘에 묻으시매 여의주를 잃은 한 쌍의 용이 슬픔에 못 이겨 서로 저희들의 머리를 물어뜯어 피를 흘리니, 이 피에서 황토가 생기니라"에서 보이는 것과 일맥상통한다. 분이를 사이에 두고 억쇠와 득보의 싸움은 흡사 두 마리의 용이 싸움을 하는 것을 보여 주는 듯하다. 억쇠와 득보의 싸움 묘사 부분에 있어서도 이것이 단순한 싸움이 아니라 신화의 제전같이 묘사되고 있다. 득보는 입에 피거품을 물고서 "옛날도 그 옛날에 붕새란 새가 한 마리 있었나니, 수천 삼천리 니일 니일 얼씨구야 지화자자 저절시구"라고 춤을 추고 이에 대한 응수로 억쇠는 산골을 찌르렁하게 소리 지른다. 붕새란 『장자』에 나오는 새인데 북쪽 바다에 사는 상상의 물고기 '곤'이 변해서 된 새이다. 몇 천리나 될 정도로 거대한 이 새는 한번 날아오르면 그 날개가 구름처럼 하늘을 덮고 파도와 큰 바람을 일으킨다고 전해진다. 또한 이 새는 세속의 삶에서 영혼의 깨달음을 얻고자 하는 인간의 욕망이 투사된 새로서 자유로운 정신세계를 상징하고 있다. 득보와 억쇠의 싸움에 이 새를 부르는 노래가 불려지고 있다는 것은 이 소설의 추구점이 신화적 사유에 기인함을 알게 해준다.

『바위』에서는 토테미즘의 샤먼적인 신화적 사유가 잘 배어 있다. 『바위』에서 문둥병에 걸린 엄마는 아들 술이를 만나기 위해 손돌로 바위를 가는 것이다. 그래서 손돌이 바위에 붙으면 소원이 이루어진다는 이야기를 믿고 "천지 신명 우리 신주님, 제발 우리 술이를 만나게 해 주옵소서"라고 비는 것이다. 술이 어미는 실제로 고향을 떠나서 유리걸식하면서 이 바위의 영험을 경험하게 된다. 자신이 바위에 손돌로 갈면서 손돌이 바위에 붙은 것 같았는데 다음 날 아들을 우연히 보게 된다. 이 바위는 복바위 또는 원바위로 불린다. 복바위는 복을 주는 뜻으로 쓰이고 원바위는 소원을 성취시켜 주는 뜻으로 쓰이고 있었다. 특히 아기를 가지지 못한 사람, 몹쓸 병에 걸린 사람, 남편 소식을 모르는 사람 등, 무수히 많은 사람들이 소원을 비는 성소인 것이다. 그런데 술이 어미는 죽을 때까지 아들 술이를 다시 못 보게 되고 복바위를 안고 죽어가는 것이다. 사람들은 그녀의 죽음엔 관심이 없고 그 바위의 영험함이 훼손되어서 안타까워하는 것이다. 바위 하나에도 영의 매체라는 개념과 종교체험의 사상이 배어 있다고 볼 수 있다. 이러한 사상이 역시 샤먼적인 신화사상이라고 할 수 있다. 김동리는 〈삼국유사〉 속 신화적 모티프를 활용해서 많은 단편들을 발표하기도 했다. 김동리는 화랑과 관련된 상상력의 확장으로 원화에 대한 관심이 매우 컸다. 그러한 신라와 화랑과 원화에 대한 관심은 〈삼국유사〉 와 〈삼국사기〉의 이야기를 구체적으로 활용해서 역사소설화 시키기에 이른다. 〈희소곡〉, 〈기파랑〉, 〈최치원〉, 〈수로부인〉, 〈김양〉, 〈왕거인〉, 〈강수선생〉, 〈놀기왕자〉, 〈원화〉, 〈우륵〉, 〈미륵랑〉, 〈장보고〉, 〈양미〉, 〈석탈해〉, 〈호원사기〉, 〈원왕생가〉 등 16편의 작품으로 등장할 정도이다.

V.

영상매체에 투영된 신화성

1. 애니메이션의 세계관으로서의 신화성

(1) 자연과 인간의 대칭적인 신화세계 : 〈월령공주〉

이 애니메이션은 인간과 자연의 대립구도를 신화적 상상력에 의해 풀어가고 있다. 크게 보면 세 인물 에미시 족의 후계자 아시타카, 들개 신들의 딸로 등장하는 산(월령공주), 타타라 마을의 애보시라는 여자 지도자의 세계를 삼각형으로 그려나가는 신화적 이야기이다. 이들 각각은 다른 세계를 상징하는 대립구조이다. 주인공 아시타카는 따뜻한 마음을 지닌 북쪽 땅의 에미시 족의 후계자이다. 마을과 사람들을 지키기 위해서 재앙신을 화살로 쏘아 죽인다. 그로 인해 재앙신의 저주를 받아 죽을 운명에 처하지만 운명에 굴복하지 않고 재앙신의 근원을 찾아 서쪽으로 여행을 떠난다. 들개 신들의 딸 월령공주 산은 태어나자마자 부모에게 버려지고 들개의 신 모로에게 길러진다. 거대한 들개를 타고 바람처럼 달려 다니면서 자연의 숲을 빼앗은 애보시의 타타라 마을을 끈질기게 공격한다. 그러나 아시타카를 만나 그의 따뜻한 마음을 느끼면서 인간에 대한 증오가 줄어든다. 애보시는 타타라 마을의 군주로 강인하고 용감한 기개를 가진 여성 지도자이다. 자신을 노리는 적들에게 굴하지 않고 당당히 맞서는 인물로 침착하고 인정이 많은 여자다. 사람들에게 보다 더 좋은 삶을 주고자 산에서 철을 만들고 숲을 파괴하는 것이다. 사회적으로 소외받은 여자들과 나병환자들을 감싸면서 살기 좋은 공동체를 만들기 위해 노력하는 지도자 상이다. 따라서 그 마을 사람들은 모두 그녀를 사랑하고 존경한다.

그런데 문제의 발단은 자연의 영역을 침범하는 인간의 오만함에 있다. 자신들의 삶의 편리함을 위해서 인간들은 탐욕을 부린다. 인간과 자연의 대칭성을 깨버린 인간들에 대해서 들개 신이나 멧돼지 신들은 분노와 증오를 느끼는 것이다. 들개 신은 월령공주와 함께 마을을 공격하는 것으로 분노를 표출하지만 멧돼지 신은 애보시의 총에 맞고 그만 재앙신이 되고 만다. 그 분노의 신은 서쪽에서 계속 달려 아시타카가 사는 북쪽까지 왔던 것이다. 아시타카는 자신의 마을을 지키기 위해 이 재앙신을 죽일 수밖에 없었고 그 재앙신의 저주를 풀어야만 하는 것이다. 아시타카가 가야하는 곳은 서쪽이라고 지칭되는 사슴신이 사는 곳이다. 아시타카는 일본의 토착민인 아이누 족으로 그려지고 있으며 이들은 동물을 사랑하고 신으로까지 여기는 애니미즘을 숭상한다. 여기에 등장하는 사슴신 시시가미는 인자하고 온유한 모습으로 숲의 수호신으로 나타난다. 사슴신은 삶과 죽음을 관장하기 때문에 그가 지나가는 발자국에는 꽃이 피고 식물이 번창해진다. 자연뿐 아니라 다른 신들의 생명까지 관장하는 신들의 아버지 역할을 맡는다. 사슴신은 생명을 관장하는 신으로서 생명을 주기도 하고 생명을 빼앗기도 하는 초자연적이고 절대 절명의 자연신이다. 재앙신들 조차도 이 사슴신 앞에서는 아무런 힘을 쓰지 못하는 것이다. 사슴신이 사는 곳에는 나무의 정령 코다마들이 산다. 이들은 자연이 아직 살아 있다는 증거로 등장하는데 아시타카를 사슴신이 있는 곳으로 인도한다.

자신의 팔에 걸린 재앙신의 저주를 풀기 위해 사슴신을 만나러 가다가 아시타카는 월령공주와 애보시를 만나게 된다. 애보시는 여성 지도자로서 어머니 같은 역할을 하는 대지모신의 모습이다. 여자나 병자뿐만 아니라 남성들까지도 이 여성 지도자를 존경하고 따른다. 아시타카에게 비치는 애보시의 모습은 부정적인 모습이 아니다. 월령공주는 이러한 애보시를 가장 증오하는 적으로 놓고 맞선다. 아시타카는 산이라고 불리는 월령공주에게 강한 애착을 느낀다. 타타라 마을을 공격하다 다친 월령공주를 구하면서 자신은 크게 다친다. 월령공주는 그를 구하기 위해 사슴신의 연못으로 그를 데리고 간다. 월령공주는 모든 동물들과 대화를 나눌 수 있는 능력을 가진 샤먼적인 존재 즉 문지방적 존재(김소영, 2000)로 등장한다. 그러나 사슴신을 죽이고자 하는 인간의 탐욕은 끝나지 않고 애보시를 이용해서 더 많은 인간들이 숲을 침범한다. 애보시 역시 자기의 마을을 지키기 위해 세상의 권력자들에게 이용당하는 지경에 이르고 사슴신은 애보시가 쏜 총에 머리를 잃어버린다. 숲은 사슴신의 분노의 피로 모두 파괴되고 황폐해져버린다. 아시타카와 월령공주는 사슴신에게 머리를 돌려 주기 위해 죽을힘을 다한다. 결국 머리를 찾아 주는데 성공하고 사슴신은 그대로 쓰러지고 산은 다시 평온함을 되찾는다. 월령공주 산은 사슴신이 죽었으니 모두 끝장이라고 말하지만 아시타카는 사슴신은 삶과 죽음 모두라고 말한다. 결국 아시타카의 말대로 사슴신이 죽었다고 세상이 모두 파멸되는 것은 아니었다. 살아 있으면서 숲을 관장했던 것처럼 죽어서도 역시 사슴신은 자연을 관장하는 것이다. 월령공주 산과 아시타카는 다시 헤어진다. 월령공주는 숲에서 살고 아시타카는 자기의 마을로 돌아온다. 그러나 이것도 아시타카의 자연관에 따르면 하나라는 것이다. 삶과 죽음이 하나로 이어지듯이 자기가 각각 속한 곳을 소중히 여기고 사는 것은 하나의 세계라고 인식하는 것이다.

이 애니메이션이 추구하는 것은 무엇일까. 크게 세 가지의 신화적 사유를 들 수 있겠다. 첫째, 자연과 인간의 세계에 대한 대칭적인 신화적 사유를 들 수 있다. 나카자와 신이치에 의하면 태초에 자연은 인간과 공존하는 관계로 인간은 자연 안에서 평안을 추구하는 피조물이었다. 그때 자연은 인간과 공존의 개념이면서 인간이 의지할 수 있는 유일한 안식처였던 것이다. 그런데 인간의 야만이라는 국가의 탄생과 제도는 사람들에게 자연에 맞서도록 강요하기에 이른다. 자연은 이제 인간과 공존하는 동업자가 아니라 인간이 약탈하고 파괴시켜야 하는 대상이 되어버린 것이다. 이러한 비대칭적 사고가 바로 〈월령공주〉의 재앙 신으로 나타나고 있다. 자연의 정령인 사슴신까지 차지하려는 인간의 탐욕으로 갑작스런 해일과 폭설 등의 이상 기후를 보이는 지경에 이르고 있는 지도 모르는 일이다. 결국 〈월령공주〉의 결말은 아시타카라는 젊은이에 의해서 자연과 인간이 공존하는 법을 가르쳐 주고 있다. 그것은 늑대 신의 딸인 산을 인간의 세계로 억지로 끌어오지 않고 그대로 산의 세계로 돌려보내고 자기 역시 자신의 마을로 돌아와 맡은 바에 최선을 다하는 것으로 자연과 인간의 공존 방법을 제시한 것이다. 결국 세상은 자연과 인간의 대칭성이 존중되었을 때에만 존재할 수 있다는 신화적 사유인 것이다.

둘째, 태초에 세상을 창조한 신은 여신이었다는 대지모신 사상이 작품을 지배하고 있다. 미와자키 하야오 감독의 다른 애니메이션처럼 여기에도 이상적인 공동체가 보이고 있다. 그 중 하나가 아시타카가 자란 에미시 족의 마을인데 이 마을은 작품 초반에만 잠깐 보이기 때문에 다른 하나인 애보시가 이끄는 타타라 마을의 모습을 통해 구현된 신화적 세계를 엿볼 수 있다. 대지모신이란 가이아 여신이 세상을 창조하고 지배하였다는 것인데 여성의 모성성이 세상을 창조하는 근간으로 작용했다는 것이다. 애보시의 모습은 대지모신의 현현이라고 불릴 수 있다. 사회에서 핍박받는 여성들을 타타라라는 곳으로 데리고 들어와 차별이 존재하지 않는 사회를 만든다. 자기 스스로 일하고 자기 스스로를 지킬 수 있는 정신을 가르친다. 여성뿐만 아니라 문둥병 환자까지도 거두고 있으며 단순히 그들을 보호해 주는 것이 아니라 소외된 사람들에게도 삶의 의미를 찾도록 일할 기회를 제공한다. 그리고 남성이 중심이 된 사회의 강압이나 폭력은 존재하지 않으며 잘못을 스스로 인정하는 유연한 지도자의 모습을 보여준다. 그러나, 이 인물은 자연을 수호하려는 주인공 월령공주와 대결되는 지점이라는 점에서 보면 악의 측면이 존재하는데, 이는 어쩌면 루스 베네딕트가 『국화와 칼』에서 논의한 '덕의 딜레마'로 논의해야 할 것으로 보인다(루스 베네딕트, 2012).

셋째, 삶과 죽음을 하나로 바라보는 신화적 사유를 들 수 있다. 신화에서는 삶과 죽음이 엄격하게 분리되지 않는다. 그것은 삶의 연장으로서 죽음을 받아들이고 있다는 것으로 꼬리를 물고 있는 우로보로스적인 사유라고 할 수 있다. 삶의 꼬리에 죽음이 있고 삶의 입은 그 죽음의 꼬리를 다시 물고 있는 태극의 순환적인 모습이다. 〈월령공주〉의 재앙신이 죽어가면서 아시타카의 삶에 그 재앙과 저주를 물었고 월령공주 산은 자연을 파괴시킨 애보시를 죽이려고 애를 쓰며 애보시는 자연의 신인 사슴신을 죽이려고 한다. 결국 사슴신은 목을 찾고 죽어가지만 그럼으로써 죽었던 자연이 다시 살아나는 것이다. 사슴신은 죽음으로써 또다시 자연에 살아난 것이다. 이러한 신화적 사유는 아시타카에 의해서 전개되고 있다. 아시타카에게 걸린 저주가 풀리고 사슴신은 죽음으로써 자연에서 다시 부활하게 된다. 여기서 등장하는 자연의 상징으로서 멧돼지, 늑대, 성성이, 사슴신 등은 그 자체로도 신화적 동물임에 분명하다. 특히 그 중에 사슴신의 거대한 뿔의 모습은 인간과 자연을 연결시켜 주는 우주목의 상징이 되는 것이다.

(2) 영웅의 끝없는 고뇌와 영웅성 : 〈인크레더블〉

〈인크레더블 *The Incredibles*〉은 초능력을 가진 다섯 명의 가족들이 영웅성을 숨기고 지극히 일상적으로 살아가야 하는 이야기다. 미스터 인크레더블은 한때 모든 사람의 영웅이었다. 악당을 물리치고 위험에 빠진 시민들을 위해서 노력하는 멋진 영웅이었으며 부인 엘라스티걸 역시 영웅으로 시민들의 사랑을 받았다. 미스터 인크레더블을 너무나 좋아하는 인크레더보이는 자신을 몰라 주는 영웅에게 앙심을 품게 되고 타고난 영웅이 아닌 만들어지는 영웅이 되고자 한다. 그런데 미스터 인크레더블은 어느 날 자살하려는 사내를 구해줬다는 이유로 소송을 당하고 죽을 자유를 방해했다는 죄명으로 더 이상 영웅으로 살아서는 안 된다는 판결을 받는다. 정부의 지원을 받아 거처를 옮기기에 바쁜 인크레더블 가족과 미스터 인크레더블은 무료하기만 한 세월을 보낸다. 자신의 영웅성을 숨기고 보험회사 직원을 하지만 가끔 모르게 나와 옛 동료 프로즌과 함께 사건과 사고를 처리하는 인크레더블, 남편 때문에 똑같이 일상인으로 살아가야 하는 만능팔과 만능으로 사용가능한 몸의 엘라스티걸, 딸 바이올렛은 투명인간이 되기도 하고 레이저 방어막을 만들 수 있는 초능력을 갖고 있지만 오히려 그런 것 때문에 남자친구에게도 다가가지 못하는 수줍은 사춘기 소녀로 영웅의 특별함을 증오하기까지 한다. 아들 대쉬는 상상을 뛰어넘을 만큼 빠른 몸놀림을 할 수 있고 그의 다리는 비행체보다도 빠르다. 누나 바이올렛과는 다르게 부모의 초능력 사용 금지령에도 불구하고 대쉬는 학교에서 자기의 능력을 자주 이용해서 문제를 일으키곤 한다. 막내는 영화 끝부분까지 정상인처럼 보이는데 마지막에 악당에게 헐크로 변신하기도 하고 무서운 도깨비 모양의 쇳덩이로 변하는 등 가장 무서운 변신을 하는 엄청난 가족 이야기이다.

그런데 어느 날 초능력을 써서 세상을 구하자는 제의가 들어온다. 마침 보험회사에서 잘린 인크레더블은 그 제의를 쉽게 받아들이면서 삶의 생기를 찾아간다. 자신의 정체성을 찾아 갈 때 인간은 가장 활력에 넘치듯이 인크레더블은 운동을 시작한다. 그런데 이 제의는 자신이 유명했을 때 따라다니던 인크레더보이가 자기를 무시했던 인크레더블을 파멸시키고 세상의 새로운 영웅이 되고자 하는 음모였다. 인크레더보이의 하수인으로 나오는 미라지라는 여성 인물은 인크레더블에게 영웅의 부활을 제안한다. 영웅의 시련이 영웅신화의 근간 내용이라는 것을 염두할 때 인크레더블의 일상적인 생활과 인크레더보이의 유혹은 똑같이 시련에 해당한다. 인크레더보이는 신드롬이라는 이름을 가지고 있으며 로봇을 만들어 세상을 파괴시키고 그 로봇에 의해서 인크레더블이 파멸되고 그때 자신이 세상을 구하는 영웅으로 등장하려는 음모를 가지고 있다. 인크레더블이 위험에 빠진 것을 안 엘라스티걸은 딸과 아들에게 주의를 주고 홀로 남편을 구하러 가려고 하지만 아이들은 엄마를 따라 아빠를 구하고자 동행한다. 인크레더블이 잡혀있는 있는 섬에 도착한 엘라스티걸과 아이들은 인크레더블을 도와 섬에서 탈출해서 바깥 세상을 파괴시키는 괴물에 맞서 싸운다. 그런데 이러한 시련은 오히려 영웅에게는 활력소가 된다. 영웅에게 가장 고통스러운 것은 평범한 삶을 강조하는 것이다. 영웅들은 힘을 모아 악당을 물리치고, 고마워하는 시민들로부터 다시 사랑을 받기 시작한다. 앞으로는 영웅으로 살아도 되는 것이다. 영웅의 귀환구조를 보여주고 있다. 영웅의 지위 박탈, 직장에서의 해고, 자기의 열광팬으로부터의 복수, 악당 로버트와의 싸움 등등 많은 시련을 통해서 신화에서 진정한 영웅으로 거듭난다.

이 영웅 애니메이션 〈인크레더블〉은 영웅 '헤라클레스'와 동양의 영웅 '예'의 신화소를 보여 주고 있다. 헤라클레스는 12가지 과업을 통해 진정한 영웅으로 거듭나게 된다. 제우스신과 인간 알크메네 사이에 태어난 영웅으로 헤라의 시기와 질투를 받으면서 그를 없애려는 세력들에 맞서서 강인함을 보여 주는 진정한 영웅이다. 인크레더블의 초능력은 헤라클레스의 그것과 비슷하며 그가 시련을 받은 사건은 동양신화의 영웅 예와 비슷하다. 하늘에는 태양의 여신의 10개의 아들들이 하나씩 순서를 지키며 하늘에 떠야 하는 규칙을 어기고 한꺼번에 나타나서 세상은 모두 말라 죽어 간다. 태양의 여신의 부탁으로 이를 수습하고자 하였던 예는 그의 용맹함과 뛰어난 활 솜씨로 그만 과도한 정리를 하고 만다. 아홉 개의 태양을 떨어뜨린 예에게 태양신은 훈장 대신 신의 지위를 박탈해버린 것이다. 자신의 자식들에게 너무나 매정한 처리는 예와 그의 부인까지도 신의 지위를 잃어버리게 한다. 이것은 인크레더블의 잘못으로 부인 엘라스티걸까지 영웅의 지위를 빼앗긴 결과와 흡사하다. 영웅 예는 신의 지위를 잃어버리고 나중에 부인까지 잃어버리지만 인크레더블은 부인 엘라스티걸의 적극적인 도움으로 다시 영웅의 지위를 되찾는다.

영웅을 대상으로 한 〈인크레더블〉은 지금까지 영웅이 유일한 존재였던 것에 비해서 다수의 가족이 모두 초능력을 가진 다수의 영웅들이라는 데 그 특징이 있다고 하겠다. 특히 각각의 인물들은 각각의 지위와 특성을 가지고 있다. 미스터 인크레더블이 가정의 책임감으로 어깨가 무겁고 실직한 가장의 모습을 그리고 있다면 엘라스티걸의 다양한 몸의 변신 즉 팔이 길어진다거나 몸이 풍선처럼 부풀어진다거나 무엇이든지 해결할 수 있는 만능팔 등은 주부들의 기대 욕망을 실은 영웅이라고 하겠다. 딸 바이올렛은 수줍음이 많은 사춘기 소녀로서 외모에 자신을 가지지 못하는 여자아이들의 욕망의 투사체로서 자신감이 없는 곳에서는 언제나 투명 인간이 될 수 있으며 자기가 싫은 사람들은 자신의 방어벽을 형성해 들어오지 못하게 하려는 욕구가 투영되었다. 아들 대쉬는 자신의 또래보다 더 빠르고 싶은 남자아이들의 욕망이 투사된 것이며 부모의 반대에도 불구하고 기어이 자신의 능력을 과시하는 전시욕망의 투사물이라고 하겠다. 마지막으로 갓난아기는 영화 마지막을 유쾌하게 마무리짓는 역할을 하고 있다. 끝까지 우리는 아이의 존재가 특별하다는 것을 전혀 의식하지 못한다. 그런데 악당에게 잡혀가는 마지막 장면에서 아이는 가족 누구보다도 무서운 초능력 영웅인 것이다. 헤라클레스가 아주 어린 아기였을 때 헤라는 그의 요람에 독사 두 마리를 집어넣었는데 헤라클레스는 두 손으로 독사의 목을 졸라 죽인다. 생각만 해도 끔찍할 정도로 무서운 아이인데 미스터 인크레더블의 막내아들은 바로 독사를 죽인 헤라클레스의 모습을 띠고 있다. 악당에게 잡힌 아이는 갑자기 상상을 초월하는 헐크와 괴물로 변하는 것이다. 영웅신화의 유쾌한 요소가 모두 배합된 작품이라 할 수 있다.

(3) 금기의 유혹, 정체성을 찾아가는 탐색신화 : 〈센과 치히로의 행방불명〉

신화에는 해야 할 일보다는 하지 말아야 할 일이 너무나 많다. 신화에서 나오는 불행의 대부분은 하지 말아야 할 일들을 했기 때문에 생긴다. 제우스의 연인 세멜레는 헤라의 꼬드김에 제우스의 번개를 보고자 한다. 결국 세멜레는 그 번개 불의 광채 때문에 까맣게 타 죽고 만다. 프쉬케는 남편을 의심하지 말라는 말과 남편을 직접 보려고 하지 말라는 금기를 어기고 언니들의 꼬드김으로 촛불을 켜고 남편의 모습을 보고 만다. 결국 에로스는 그녀의 곁을 떠나고 그녀가 누렸던 수많은 영광은 물거품처럼 사라진다. 오르페우스는 죽은 부인 에우리뒤케를 구하고자 지하세계 하데스의 승낙을 얻고 지하세계에서 부인을 데리고 나오다 뒤를 돌아보지 말라는 금기를 지키지 못하는 불행을 맞는다. 결국 부인을 데리고 오지 못한 오르페우스는 슬퍼하면서 생을 마감한다. 판도라의 호기심 역시 불행의 모든 씨앗을 세상에 뿌리고 나머지 하나 희망만 남기게 된다. 성경의 '소돔과 고모라'에서도 금기를 지키지 못한 불행한 사람들이 나온다.

이러한 금기의 신화는 동양신화나 우리나라의 신화에도 많이 등장한다. 삼천갑자 동박삭은 장수(長壽)의 상징인데 바로 서왕모의 복숭아를 너무 많이 따먹은 업보의 결과이다. 원래 복숭아는 함부로 따서 먹으면 안 되는 신성한 과일이기 때문이다. 우리신화에서 이 동방삭(東方朔)을 잡아들이는 영웅이 바로 염라대왕을 잡아온 강림도령으로 나온다. 동양신화에서 이윤의 어머니는 뒤를 돌아보지 말라는 금기를 어기고 뒤를 보게 되면서 뽕나무로 변한다. 뽕나무 안에서 이윤을 꺼냈다고 한다. 또한 우리의 신화에는 장자못 전설이 있다. 뒤를 돌아보지 말라는 금기에도 불구하고 가족들이 너무 걱정돼 뒤를 돌아보고 결국 바위가 되고 만다. 〈센과 치히로의 행방불명〉에서도 금기의 위반 신화는 곳곳에서 발견된다. 신화 속에서 금기는 지켜지라고 있는 것이 아니라 반드시 깨어지라고 존재하는 유혹물이다. 신화는 어떻게든 현실의 원리를 설명할 수 밖에 없는 이야기 질서이기 때문에 금기가 지켜져 버려서 아무 일이 일어나지 않았다면 우리의 삶에서 역동성은 이미 사라져 버리고 말았을 것이다.

치히로네 가족은 이사를 가고 있던 길인데 어느 터널을 만나게 된다. 치히로의 부모는 그곳에서 먹어서는 안 되는 신들의 음식을 먹고 돼지로 변해 버린다. 돼지로 변한 부모를 구하기 위해 마녀 유바바의 영역에 남아서 일을 하게 된다. 이 애니메이션은 『산해경』에 나오는 동양신화의 상상력의 보고라 할 정도로 많은 신들이 등장한다. 팔이 여러 개인 가마지기 할아버지는 물레질을 너무 잘해 아테네의 권위에 도전한 아르크네가 거미로 변한 것과 비슷한 상상력을 보인다. 머리만 있는 유바바의 세 부하들도 동양신화의 목이 잘린 치우와 형천의 떨어져 나간 머리, 즉 머리만 있는 인물들인 것이다. 하쿠의 용의 모습, 얼굴 없는 가오니시 신의 모습, 수수께끼를 맞추는 것처럼 어떤 돼지가 자신의 부모인지 알아내야 하는 상상력까지 모두가 신화적 상상력을 그대로 나타내고 있다.

유바바가 지배하고 있는 이 공동체는 신들이 쉬었다 가는 온천장이다. 이곳에서 신들과 함께 살아가기 위해서 치히로는 하쿠가 준 약을 먹고 인간의 냄새를 없앤다. 신들의 세계에 등장하는 음식 상상력이다. 동양의 신들이 불로초를 먹었다면 서양의 신들은 암브로시아를 먹고 넥타를 마신다. 신들의 세계에 가기 위해서는 무언가 특별한 음식이 있어야 한다. 그런데 치히로의 눈에 보이는 신들의 삶은 인간의 삶과 조금도 다르지 않게 진행된다. 치히로는 마녀 유바바의 허락을 받고 신들의 온천장에서 일을 하게 되고 그곳에서 여러 가지 사건을 겪게 된다. 어느 날 악취를 풍기는 오물신이 찾아와서 센은 오물신의 상처를 찾아내 도와준다. 그 다음 찾아온 얼굴 없는 요괴는 센만 찾는다. 그러던 중 유바바의 일을 처리하다 상처를 당한 하쿠는 상처를 입은 용의 모습으로 나타난다. 센은 가마할아범의 도움으로 생과 사의 갈림길을 운행하는 편도행 기차에 올라탄다. 하쿠를 구하고 돼지로 변한 부모님을 마법에서 풀기 위함이다. 기차의 목적지는 유바바의 쌍둥이 자매 제니바에게 향한다. 언니 제니바는 동생 유바바와는 다르게 무척 따뜻하다. 이 지점에서 삶의 다른 편으로서의 죽음이라는 신화의 세계가 재현된다. 유바바의 쌍둥이 제니바는 삶의 쌍둥이가 죽음인 것과 같은 구조이다. 센은 신화 속의 영웅들이 건너갔던 죽음의 강을 건넌 것이다. 즉 하쿠와 부모를 살리기 위해 저승으로 여행을 떠난 것인데 이는 아버지 오귀대왕을 구하기 위해 서천에서 약수를 가지러 가기 위해 저승까지 여행을 떠난 바리공주의 신화소에 다름 아니다. 처음 등장한 터널이 신화의 세계와 현실의 세계를 경계 지어 주는 것이라면 하쿠와 부모를 위해 편도 기차를 타고 건넜던 강은 삶과 죽음을 가르는 경계로서의 물의 상징성이다.

〈센과 치히로의 행방불명〉은 물과 여성성이 강조된 신화이다. 〈월령공주〉가 산(山)과 여성성을 강조하고 있다면 여기에 등장하는 유바바의 세계 역시 〈월령공주〉의 애보시가 다스리던 타타라 마을을 연상시키는 공동체의 모습이다. 타타라 마을의 주된 일꾼들이 여성들이며 여성들이 주체적으로 살아가는 모습을 보여준 것처럼 이곳 온천장의 주인도 여자이며 총 책임자도 역시 여자이다. 또한 월령공주가 자연을 지키고자 싸웠던 어린 여자아이였던 것처럼 치히로 역시 열 살밖에 안 되는 어린 여자아이지만 문제에 맞서고 극복하는 여신의 모습을 지닌다. 바다의 상징은 물의 상상력으로 볼 수 있는데 이는 여성의 잉태능력인 자궁의 상태와 닿아 있다. 어린 여자 아이로 모든 문제를 풀어가려는 것은 대지모신 사상을 드러낸 여성신화이다. 일본의 최고신이 아마테라스라는 여신임을 상기한다면 그다지 낯선 은유는 아닐 것이다.

〈센과 치히로의 행방불명〉은 자신의 부모를 잃고도 자신의 이름을 잊어버리지 않기 위해 노력하고 강의 신 하쿠에게도 이름을 기억해내게 한다. 결국 자신의 이름도 찾고 하쿠의 이름도 찾아 주고 부모도 다시 인간으로 돌아오게 하는 영웅신화인 셈이다. 신화 속의 영웅들은 대개가 부모를 잃게 된다. 그리고 자신의 힘으로 그 부모를 찾아가는 것이 주 구조라고 할 수 있다. 태양의 신 헬리오스의 아들 파에톤 역시 자신의 아버지를 찾는다. 아비는 자식의 소원인 태양마차를 빌려 주어서 결국 죽음에 이르게 한다. 우리나라 신화에서 주몽이 아버지를 찾아 나선 이야기도 바로 아비 찾기라는 신화소이다. 치히로는 부모를 찾기 위해

■ 일본 돗토리현 미즈키 시 케루로드 요괴마을 입구

■ 하쿠를 생각나게 하는 〈요괴마을〉의 용요괴

건너면 올 수 없을지도 모르는 곳을 가기에 이른다.

치히로는 영웅 신화의 요소를 가진다. 즉 출발, 입문, 귀환의 구조를 가진다. 터널을 통과하면서 영웅의 신화 구조는 시작된 셈이다. 첫 번째 시련은 돼지로 변한 부모이며, 유바바의 온천장에서 차례로 겪어야 했던 시련들 즉 오물신 사건, 얼굴 없는 신사건, 하쿠의 부상, 하쿠를 구하기 위해 죽음의 바다를 건너야 하는 것 등이 일련의 시련이다. 영웅의 시련에는 조력자가 등장하게 마련인데 온천장을 책임지고 있는 언니와 가마지기 할아범이 그 역할을 담당하고 있다. 보통 영웅은 자아를 지키려는 과정에서 자아를 잃어버리게 된다. 그러나 조력자들은 자아를 되찾도록 도와주면서 기차를 타고 제니바에게로 갈 수 있게 도와준다. 치히로는 오물신을 구해 주고 받은 약으로 하쿠를 살리고 그 하쿠는 자신의 부모를 찾게 도와 주는 가장 큰 조력자인 것이다. 흡사 치히로가 겪는 시련의 고난은 테세우스가 자신의 부모를 찾기까지 겪었던 시련에 해당하며 저승의 왕과 결혼해서 일곱 명의 자식을 낳은 바리공주의 시련에도 비견될 만하다. 결국 치히로는 영웅이 거쳐야 하는 시련을 모두 통과하고 하쿠의 이름을 찾아 주고 자신의 부모를 되찾는다.

〈월령공주〉에서 등장하는 자연신 사상인 신토 사상이 숲에 대한 신화였다면 이 작품은 강의 신이라는 하쿠의 정체에서도 보이고 온천장이라는 배경에서도 볼 수 있는 물에 대한 자연신 사상을 엿볼 수 있는 작품이다. 〈월령공주〉의 재앙신이 인간의 탐욕스러운 정복욕을 비판하고 있다면 〈센과 치히로의 행방불명〉은 오물신이라는 신의 고통을 보여줌으로써 인간의 문명을 비판하고 있는 것이다. 아무리 씻어도 깨끗해지기 힘든 오물신은 현재 우리의 문명의 현 주소일 것이다. 마지막으로 위에서 말한 금기의 신화는 이 작품에서 중요한 역할을 한다. 보통 신화의 이야기는 지켜진 약속보다는 지켜지지 않은 금기에 관심을 두는 듯하다. 그러나 센은 하쿠가 내린 금기를 잘 지켜낸다. 신화 속의 금기가 실패한 것과는 반대로 치히로는 절대 뒤를 돌아보지 말라는 하쿠의 말을 잘 지킨다. 신화란 멀리 있는 것이 아니다. "밤에 피리불지 마라", "베개를 북쪽이나 서쪽으로 향하게 하지 말라" 등 우리 주변에 회자되는 많은 이야기 속에 신화는 늘 스며들어 있는 것이다. 그리고 그 수수께끼는 늘 시대마다 해답을 기다리고 있다.

(4) 선과 악의 대결, 에로스와 프쉬케의 사랑 : 〈하울의 움직이는 성〉

신화에서 변신은 저주와 질투의 산물이라고 할 수 있다. 신화에서 가장 무서운 저주에 걸린 사람은 매일 간을 뜯기는 프로메테우스와 자신의 살까지 먹어야 하는 걸신들린 신 에르쉬크톤일 것이다. 또한 아폴론의 사랑을 피해 월계수로 변신한 다프네도 불행한 숙명을 가지고 있다. 동양으로 왔을 때 변신하면 생각나는 신은 하강한 신인 예의 부인 항아를 떠올리게 된다. 항아의 남편 예는 태양신의 아홉 아들인 해를 활로 쏘아버리고 거기에 하백의 부인인 절세의 미녀 복비와 염문설까지 퍼뜨린다. 예는 하백의 결투를 받아들여야만 했다. 믿었던 남편에게 배신당한 항아는 남편 몰래 불사약을 모두 혼자서 먹어버린다. 불사약을 먹은 항아는 두꺼비로 변해서 달에 숨어 산다(정재서, 2004:218-226).

신화에는 무수히 많은 변신 모티프가 존재하고 있다. 제우스, 헤라, 아테네 여신 등과 같은 서양 신들뿐만 아니라 여와, 서왕모, 항아 그리고 우리 신화의 여자로 변한 곰과 반쪽이는 모두 변신의 이야기이다. 〈하울의 움직이는 성〉은 18세의 여자 주인공 소피가 어느 날 90세 할머니로 변하는 내용이다. 하울을 노리는 아레치라는 마녀의 저주에 걸려든 것인데 소피가 하울과 접촉했다는 것이 마법을 건 이유이다. 90세 할머니로 변한 소피는 집을 떠나 허수아비의 도움으로 하울의 움직이는 성에 가서 청소부로 일한다. 갑자기 할머니로 변해버렸지만 소피는 좌절하지 않고 스스로에게 "괜찮아요, 할머니. 당신, 건강해보이고 옷도 예전보다 잘 어울려요"라고 위로한다. 하울은 무섭다는 소문과 다르게 매우 약한 존재이며 늘 황야의 마녀를 피하고 싶어서 자기의 방 안을 부적으로 가득 채워 놓는다. 그리고 하울은 밤마다 설리반 선생이 벌이는 전쟁을 치러야 한다. 설리반 선생은 가장 힘이 센 마법사로서 수재자인 하울이 악마와 거래해서 자기의 심장을 빼앗긴 것에 무척 안타까워한다. 그가 일으킨 전쟁도 하울이 마왕이 되지 않고 다시 자기 곁에 있기를 바라는 마음 때문이다. 그러나 겁 많은 하울이 소피를 사랑하면서부터는 더 이상 마녀 따위를 무서워하지 않는 용기를 가지게 되고 소피 역시 하울을 사랑하면서부터 점점 젊어지는 것이다. 전쟁은 극도로 치열해지고 하울은 혐오스러운 새의 모습을 하고 밤에 지친 모습으로 돌아오곤 한다. 그러면 그럴수록 소피는 가슴이 아프고 슬퍼지는 것이다. 하울은 자신의 상처를 안타까워하며 돌보는 소피를 사랑하게 된다.

이 애니메이션에서는 하울의 움직이는 성으로 안내하고 소피가 곤경에 처할 때마다 도와주는 허수아비가 등장하는데 그는 마법에 걸린 이웃나라 왕자이다. 그는 순무를 머리로 달고 다니면서 소피에게 지팡이도 주고 비가 오면 우산도 받쳐준다. 주요 등장인물에 황야의 마녀는 다른 사람의 심장을 좋아한다. 특히 하울의 심장을 갖고 싶어 한다. 황야의 마녀는 소피를 90살 할머니로 바꾸어 버리지만 주문을 풀지는 못하는 탐욕스런 마녀다. 하울의 스승 설리반이 이 마녀에게서 마법을 풀자 그만 늙은 할머니가 되어버린다. 캘시퍼라는 불의 악령은 마왕이 되는 것에 대해서 하울의 심장을 두고 거래를 한다. 작품 초반부터 끝까지 불은 하울의 심장을 상징하며 하울의 집을 움직이는 힘도 이 불에서 나오고 있다. 결국 하울이 이 집을 움직이고 있는 것이다. 불을 인간의 몸 안에서 꺼냈다는 신화적 사유는 동서양신화 곳곳에서 자주 보이는 상상력이다.

〈하울의 움직이는 성〉에서 보이는 사랑은 매우 익숙한 구조를 지닌다. 어디서 많이 보았음직한 이야기 구조인데 가깝게는 『미녀와 야수』의 이야기인 것이다. 『미녀와 야수』에서 이기적인 왕자가 마법에 걸려 21세 이전에 한 여자의 사랑을 받아야만 자신의 모습을 되찾는 마법에 걸린다. 벨이라는 소녀는 발명가 아버지를 찾아 나서는 도중 아버지 대신 야수의 성에 갇히게 된다. 벨과 야수가 함께 지내면서 벨은 자신도 모르는 사이에 야수를 사랑하게 된다. 아버지를 뵙기 위해 성을 떠나지만 야수가 걱정되고 자신이 야수를 사랑한다는 것을 알게 된다. 다시 성에 돌아간 벨은 죽어가는 야수에게 사랑한다는 고백을 하고 야수는 마법에서 풀려나 왕자로 돌아온다. 〈하울의 움직이는 성〉은 『미녀와 야수』와 동일한 이야기처럼 보인다. 반인반수의 새로 변하는 하울의 모습은 야수의 모습이며 소피의 착한 마음은 벨의 착한 마음과 동일하다. 이러한 사랑의 변신담은 에로스와 프쉬케의 사랑에서 그 흔적을 찾을 수 있을 것이다. 에로스는 엄마 아프로디테를 숨기고 프쉬케를 사랑한다. 프쉬케는 괴물에게 잡혀온 줄 알았었는데 괴물은 바로 다름 아닌 에로스였던 것이다. 그러나 프쉬케는 믿음을 갖지 못하고 언니들의 꼬드김에 빠져서 결국 남편을 잃게 될 지경에 이른다. 아프로디테의 신전에 가서 어려운 시험을 당하게 되며 결국 에로스와 사랑할 수 있게 된다. 사랑하는 남편이 괴물인 줄 알았지만 그를 사랑하게 되었고 약속을 지키지 못한 자신의 잘못을 뉘우치면서 진정한 사랑을 얻어가는 이야기이다. 괴물을 사랑한다는 모티프에서 〈하울의 움직이는 성〉과 관련이 있겠고 사랑하는 사람이 추한 모습에서 멋진 모습으로 변한다는 것은 케냐의 마르웨와 샤위예 이야기에서 또는 중국의 반호 이야기에서 멋진 남자로 변한 개 이야기에서 그 신화소를 찾을 수 있다. 마르웨는 지하세계에서 살아난 인물인데 그녀는 자신의 남편감으로 피부병이 지독한 남자를 고른다. 그러나 그는 그녀와 결혼하고 깨끗이 병이 나았으며 중국의 반호 역시 공주를 사랑하는 개였는데 적장의 목을 가져와서 그 공으로 공주와 결혼해서 인간으로 변신하는 이야기이다.

〈하울의 움직이는 성〉에서 놓칠 수 없는 신화성은 선과 악의 이분적인 구분이다. 하울은 악마와 거래한 악을 가진 존재이며 동시에 소피를 사랑하는 마음을 가진 선한 마법사인 것이다. 선과 악은 야누스의 얼굴처럼 한 몸인 것이다. 또한 놓칠 수 없는 것은 불이라는 것의 신화성과 문(門)의 상징성이다. 여기에서 불은 인간의 영혼을 상징한다. 우리가 혼불이라고 칭하는 데는 이런 영혼의 불이라는 상징성을 인식하고 있기 때문이다. 옛날의 신화들을 살펴보면 여성의 자궁에서 무수히 많은 불씨가 나왔다는 것을 살펴볼 수 있는데 주로 문명이 시작되는 지점을 말한다. 프로메테우스나 염제 신의 불이 문명을 만들었고 문화를 진보시켰다면 여기에서 나오는 불은 인간의 영혼을 상징한다. 인간이 죽을 때 혼불이 나간다는 상상력은 불의 의미가 하울의 심장을 상징한다는 것을 납득시킨다.

또한 성의 문은 중요한 신화적 상상력을 불러온다. 이 문은 돌려지는 방향에 따라서 다른 세계에 열려 있다. 초원으로 열려지기도 하고 바다로 열려지기도 하고 구름으로 열리기도 하며 도시로 열리기도 한다. 단순히 마법의 도구라고 보기엔 이 문의 역할이 크다고 할 수 있는데 인간이 가고 싶은 신화적 세계의 출구를 상징한다고 할 수 있다. 인간은 늘 꿈꾼다. 지금 사는 곳이 다른 모습으로 보여질 수 있기를 바라는 것이다. 우리 신화의 ‚원천강본풀이〉의 오늘이는 저승세계에 가서 부모님을 만나기 위해 어떤 방에 들어가는데, 그 방은 봄, 여름, 가을, 겨울 등으로 켜켜이 둘러싸여진 환상적 공간이다. 얼마나 멋있는 공간 구성인가. 우리는 해리포터의 킹스크로스 역 9와 4분의 3 기둥을 생각하는데에만 너무 익숙해진 것은 아닐까.

(5) 이룰 수 없는 슬픈 사랑 : 〈천년여우〉와 〈포카혼타스〉

애니메이션의 가장 대표적인 주제는 바로 사랑일 것이다. 페루의 신화에 내려오는 공주 울란타이와 평민 쿠시콜루르의 유명한 사랑담이 있다. 이들은 신분의 제약을 넘어서 사랑을 성취해 낸 인물들이며 이는 가문의 반대로 이루어지지 못하는 로미오와 줄리엣과는 다른 사랑의 성공담이다. 여기에서 다루는 〈천년여우〉와 〈포카혼타스〉의 사랑 이야기는 사랑의 험난한 과정을 보여준다.

〈천년여우〉는 치요코라는 소녀의 순수한 사랑 이야기이다. 이루어질 수 없다는 측면에서 바라볼 때 이는 무산무녀의 사랑이나 견우와 직녀의 사랑이라고 볼 수 있으며 치요코의 사랑은 적장을 사랑하는 비련의 사랑이라고도 할 수 있을 것이다. 이런 측면에서 볼 때 메데이아나 아리아드네의 사랑과 크게 다르지 않다. 치요코가 사랑하는 사람을 위해서 자신의 모든 것을 희생한 것이 메데이아와 아리아드네의 사랑에 비교된다면 사랑하는 사람과 만날 수 없다는 지점에서는 견우와 직녀의 사랑이나 요희의 구름과 비의 사랑이라고 하겠다. 메데이아는 황금 양털을 찾으러 온 아르고스 원정대의 대장 이아손에게 첫눈에 반한다. 천륜을 어기면서까지 메데이아는 사랑을 얻으려고 했으나 결말이 좋지 않다. 미노스 왕의 딸인 아리아드네 역시 재물로 받쳐진 젊은이들 중에서 테세우스를 사랑하게 되며 그가 미노타우로스를 무찌르고 무사히 미궁에서 빠져나오도록 도와준다. 그러나 아리아드네의 사랑 역시 이루어지지는 못한다.

〈천년여우〉의 치요코는 학교 다녀오던 중에 경찰에 쫓기는 한 남자를 구해 주고 첫눈에 그를 사랑하게 된다. 그는 치요코에게 가장 소중한 것을 여는 열쇠를 선물하고 그 열쇠는 치요코의 인생을 움직이는 주술이 된다. 치요코는 도망 다니는 그를 찾아서 만주에서 영화를 찍는 것에 응한다. 이 애니메이션은 멜로드라마 형식이 아니라 다큐멘터리 영화 형식을 띠고 있다. 평생 동안 첫사랑을 찾아 헤맨 여배우의 천년을 넘나드는 사랑 이야기는 다치바나 겐야라는 감독이 70세가 된 치요코에게 열쇠를 건네 주면서 영화는 현재와 과거, 영화와 현실의 구분이 모호할 정도로 복합적으로 드러난다. 치요코가 찾는 사람의 정체를 정확히 알 수는 없으나 정부의 경찰에 쫓기는 걸로 미루어보면 반정부적인 사람임에 틀림없다. 아마도 치요코의 사랑이 만천하에 드러났다면 메데이아나 아리아드네와 같은 비판을 받았을 지도 모른다. 여기에서 천년이란 치요코가 산 세월이 아니라 치요코가 등장한 영화의 시대이며 그 영화 속에서도 치요코는 끊임없이 그의 환영을 쫓는다. 그러나 그녀를 지켜보던 영화감독은 열쇠를 숨기고 치요코와 결혼하지만 결국 치요코에게 들통이 나고 만다. 그런 치요코에게 옛날 그를 쫓던 형사가 와서 자신이 그를 죽였다고 사죄한다. 작품 중간에 한 노파가 등장해서 치요코에게 결코 사랑이 이루어지지 않을 거라는 예언을 한다. 첫사랑의 얼굴조차 기억할 수 없는 치요코는 사랑을 원망하지 않고 오히려 그를 굳이 만나지 않아도 좋다고 말한다. 치요코는 자신이 그를 찾아다니는 여정을 사랑했던 것이고 그런 자신의 모습에 만족했던 것이다. 이 영화에서 등장하는 연꽃은 순수를 상징하며 바로 치요코의 영혼을 상징하고 있다. 그녀의 사랑은 오히려 이루어지지 않았기 때문에 더욱 아름다워 보이는 사랑이었다. 첫사랑을 쫓아서 천년에 걸친 시공간의 배역 속에서 아름다울 정도로 한 사람만을 사랑했기 때문인 것이다.

〈포카혼타스〉는 인디언의 역사에서 백인을 사랑한 최초의 여자라고 알려진다. 그러나 이 영화가 그리는 역사적 사건은 각색을 거친 것이기 때문에 여기에서는 사랑의 신화적 근원만을 언급하기로 하겠다. 인디언 추장의 딸인 포카혼타스는 자유로운 바람의 영혼을 가진 사랑스러운 여자이다. 어느 날 그녀의 부족이 사는 곳으로 영국의 존 스미스 대령이 이끄는 배가 정박하면서 사건은 벌어지게 된다. 추장은 부족의 자랑인 용감한 코코움과 포카혼타스를 결혼시키고자 하지만 포카혼타스는 그가 자신의 운명적인 사랑이 아닐 거라고 생각한다. 그러던 중에 백인 존 스미스를 만나게 되고 그와 사랑에 빠진다. 두 종족의 싸움을 말려 보고자 노력하던 중에 코코움은 스미스 부하의 총에 맞아 죽게 되고 스미스는 인디언 부족에게 사로잡힌다. 포카혼타스는 자기 아버지에게 그를 사랑한다고 말하고 두 부족이 선택한 전쟁이 옳지 않은 방법임을 깨우친다. 아버지는 포카혼타스의 사랑에 감동하고 백인과의 싸움을 멈추게 된다. 총에 맞은 스미스는 부상이 심해져서 영국으로 떠나고 포카혼타스는 자신의 부족을 위해 또 아버지를 위해 스미스를 따라가지 않는다. 포카혼타스는 스미스와의 사랑을 꿈을 통해서 예견하는데 이때 400살 먹은 버드나무 할머니의 도움을 받는다.

포카혼타스의 삶의 모습은 그야말로 신화적이다. 그녀는 자연의 소리를 듣고 물결의 흐름을 읽으며 땅의 영령들과 교감하는 신화적 인물이다. 스미스가 잡혀서 위기에 처했을 때 그녀는 버드나무 할멈에게 조언을 구하게 되는데 버드나무 할멈은 그녀에게 자연이 하는 소리에 자신을 맡기라고 말한다. 포카혼타스는 땅의 정령과 자연의 소리에 따라서 사랑을 선택하게 되고 아버지와 부족의 증오를 자신의 사랑과 용기로 이겨낸다. 이는 인종을 뛰어넘는 아름다운 사랑이라는 표현보다는 문명과 신화의 세계에서 신화의 세계가 문명의 세계를 정복한 이야기라고 할 수 있다. 그 안에서 인류는 자연과 하나 되며 인종과 무관하게 평등하고 평화로워야 하는 것이다. 〈포카혼타스〉가 적장을 사랑한다는 점에서는 신화의 메데이아와 아리아드네를 생각나게 하지만 그 사랑을 성취해나가는 방법에 있어서는 자신의 가족을 희생시키는 잔혹한 사랑이 아니라 지극히 동양적인 사랑의 방식을 취하고 있다. 사랑하는 부모와 자기의 종족을 위해서 자기의 사랑을 가슴 속에 간직하는 사랑을 보여 주며 언젠가는 또 만날 수 있는 가능성을 시사해 주는 견우와 직녀의 사랑처럼 보인다.

2. 영화에 나타난 신화성

과학적이고 합리적인 현실 속에서 신화를 논하는 것이 어쩌면 이미 사라져버린 무지개를 찾는 것일지도 모른다. 한때 미래공상영화가 문화의 전반을 차지했던 적이 있었다. 인류의 끊임없는 발전 욕구가 문화에 하나씩 많은 부작용과 폐해를 일으키기 시작했다. 과학에서는 복제가 일어나고 있고, 우리에게 고기를 제공하던 동물들은 아파가고 있으며 오존층이 얇아져서 세계 이곳 저곳에서 심각한 기후의 재앙을 경험하고 있다. 또한 인간의 욕심에 의해 서로 살상하는 일이 빈번해지고 있는 현대에 사람들은 들뢰즈가 말하는 유목민처럼 과학과 발전으로 치닫는 현실에서 그것과는 먼 곳으로 유랑을 시작했다. 그 유랑은 미래가 아닌 듯 하다. 이제 인류는 세상을 향한 원심력에 관심을 두기보다는 인간 자신을 향한 구심력에 힘을 모으고 있는 것이다. 파스칼이 말한 대로라면 기하학의 정신이 아니라 섬세의 정신을 갖고자 함이 분명한데 그러한 움직임의 선봉에 선 것이 영화이다(이왕주, 2005:94-98). 최근 개봉되는 동·서양의 영화는 어찌 보면 시대를 왜곡하는 듯한 인상마저 든다. 아니 관점을 달리하면 인류는 지금 해결책을 위한 유랑을 시작하고 있는 것인지도 모른다는 긍정적인 생각을 하게 한다. 〈헤리포터〉, 〈반지의 제왕〉, 〈매트릭스〉, 〈트로이〉, 〈킹덤오브헤븐〉, 〈신화〉 등의 동 · 서양 영화에서 보이는 영웅 신화의 신화소와 신기한 일들이 판치는 신화적 세계관은 우리의 현 주소가 신화의 시대임을 말해 주는 근거가 되고 있다.

한국영화 역시 이러한 흐름에서 조금도 비껴가지 않는다. 최근에 나온 〈황산벌〉과 〈반칙왕〉이 영웅 신화의 면모를 보여 주는 것을 시작으로 많은 영화에서 신화의 세계관은 영화 서사의 중핵을 이루고 있다. 최근에 우리영화의 이야기는 어디에서 한번쯤은 보았음직한 익숙한 서사구조를 이루고 있다는 말이다. 〈말아톤〉, 〈내 생애 가장 아름다운 일주일〉, 〈웰컴 투 동막골〉, 〈친절한 금자씨〉 등에서 보듯이 이야기의 내용은 그다지 새롭지 않다. 자폐아 이야기를 다루고 있는 〈말아톤〉은 이미 〈포레스트 검프〉로 우리에게 익숙해져 있으며 〈내 생애 가장 아름다운 일주일〉

은 시한부의 사랑을 보여 주는 이야기들에서, 〈웰컴투 동막골〉은 유토피아에 대한 인간의 욕망을 보여 주는 이야기들에서, 또 〈친절한 금자씨〉는 그동안 보았던 복수극의 재구성이라고 해도 과언이 아닐 듯하다. 그렇다면 왜 갑자기 유비쿼터스를 외치는 과학의 시대에 우리영화는 친숙한 이야기 구조로 선회했을까. 이는 환상성과 신화성이라는 세계의 문화 흐름과 같은 흐름에서 보아야 할 것이다. 우리는 9·11테러를 지켜보면서, 이라크 전쟁을 겪으면서, 광우병과 사스와 지카 바이러스 등 각종 전염병의 공포를 무서워하면서 현실 세계의 문제를 신화의 세계 안에서 희석시키고 싶은 욕망을 가지고 있는 것인지도 모른다. 인간의 사유의 가장 내밀한 곳에서 과학은 이울고 있고 그 자리에 신화는 비밀스럽게 또아리를 틀고 있다. 바야흐로 인간의 사유는 신화라는 상상력을 불러들이게 되었고 그 상상력에 영상매체들은 날개를 달게 해 준 것이다. 신화를 응시한다는 것은 현재를 다시 보려 함이며 현실을 다시 보려는 시도는 보다 나은 미래에 대한 희망을 꿈꾸고자 하는 것이다.

(1) 유토피아적 창조신화의 현현 : 〈웰컴투 동막골〉

한국 전쟁이 한창인 때 태백산맥의 함백산 절벽들 속에 자리한 동막골로 미군 전투기 한 대가 추락한다. 이를 지켜본 여주인공 여일은 이 사실을 알리기 위해 동막골로 향하던 중에 인민군 리수화 일행 세 명을 만나고 그때 마침 자군 병력에서 이탈한 군인 둘이 동막골을 찾는다. 인민군, 군인, 연합군의 극적 대립구도로 이 영화는 팽팽한 긴장을 일으키며 시작된다. 이들은 동막골 사람들 앞에서 수류탄과 총으로 위협적인 모습을 보이려 하지만 동막골 사람들은 도무지 무서워하지 않는다. 동막골 사람들은 군인들과 인민군들이 자기들에게 총부리를 겨누고 있어도 아랑곳 하지 않고 농사이야기, 밭에 온 멧돼지 이야기를 마치 이웃사람들의 이야기처럼 즐겁게 한다. 수류탄을 보면서 돌에다 뭘 씌웠느냐고 말할 정도로 문명에 대해서는 무지하다. 그러나 이들의 삶의 모습은 인간과 자연이 조화롭게 공존하는 세계 즉 유토피아를 보여 주고 있다. 그곳의 사람들은 완벽하게 공동체를 이루고 있으며 공동 경작하고 공동 분배하고 함께 교육시키는 어찌 보면 유토피아적 사회주의의 신기루처럼 보인다. 그러나 이곳은 신화의 유토피아적인 공간을 보여주고자 한 현실세계인 것이다.

이 신비의 공간 동막골을 보고 있노라면 영화 〈빌리지〉의 이상적인 공동체와 미와자키 하야오의 일련의 애니메이션들에서 보이는 에보시의 공동체 마을이 떠오른다. 이 세 곳의 이미지는 나카자와 신이치의 대칭성이라는 말로 묶어 볼 수 있을 것이다. 동막골, 빌리지, 하야오의 마을들에서는 자연과 인간의 관계가 서로 적대적이지 않다. 그곳에서는 인간과 동물이 서로 먹고 먹히는 관계가 아니라 서로 교감을 나누는 관계인 것이다. 이것이 바로 대칭성의 가장 큰 골격이다. 동막골의 멧돼지는 사람들에게 퇴치의 대상이 아니라 마치 옆 마을 부족처럼 느껴진다. 멧돼지들이 와서 감자밭을 조금 망쳤다고 멧돼지를 없애자고 제안하지 않는다. 서로의 공간을 침해하지 않는 범위 내에서 서로 공존을 모색하고자 하는 것이라고 볼 수 있다. 그런데 멧돼지의 갑작스런 공격에 동막골 손님들은 힘을 합쳐 멧돼지를 잡지만 동막골 사람들은 절대로 고기를 먹지 않는다. 신화의 세계에서 인간은 생선 하나를 먹더라도 살만 조심히 먹고 그 물고기의 형상은 훼손시키지 않고 강에 보내게 된다. 이러한 상상력은 미와자키 하야오의 늑대신, 사슴신, 멧돼지신들이 인간과 상호 교감하면서 교류하는 것을 보면 더욱 분명해진다. 자연에서 얻은 것을 다시 자연으로 돌려주고 인간이 사용할 수 있는 양만큼만 이용해야 하는 것이다.

동막골 사람들의 삶은 우리가 꿈꾸어 온 신화 속 유토피아라고 할 수 있다. 동양의 유토피아는 삼신산이나 곤륜산으로 알려져 있는데 이곳에서는 천수를 누린다. 동막골 사람들은 어른을 공경하고 아이들은 뛰놀고 서로서로 협력해서 살아가는 이상적인 공동체이다. 특히 감자밭에서 노인은 노래를 부르고, 아이들은 뛰놀고, 젊은이들은 함께 노동을 하는 장면은 우리가 꿈꾸는 유토피아라고 부를 수 있다. 도교에서 그리는 이상세계와 오버랩이 될 수 있다. 이곳의 사람들은 서로 미워하는 것을 알지 못하고 서로 싸우는 것도 알지 못한다. 이들이 보여주는 세계는 현재의 비대칭적인 세계를 대칭적인 세계로 바꾸어 줄 수 있는 대안일 것이다.

동막골의 상징은 아무것도 꾸미지 않는 여일이라는 여자 주인공의 순진한 웃음, 순수한 흰나비의 상징, 흰 눈으로 덮인 세상, 그리고 하얗게 터지는 팝콘으로 나타나고 있다. 영화의 주인공 여일은 흰나비처럼 가벼운 몸짓을 하면서 마을 이곳저곳을 구경 다닌다. 영화 초반부터 등장하는 나비 역시 여일의 몸처럼 가볍게 마을 여기저기를 날아다닌다. 이 영화에서 나비는 동막골의 수호신 역할을 한다. 미군이 기습할 때 흰나비들이 나타나 미군이 동막골에 접근하지 못하게 막았던 것에서도 그러한 상징성으로 읽힐 수 있다. 따라서 동막골의 흰나비는 동막골을 지키고자 하는 영혼들의 분신이라고 봐도 될 것이다. 동막골에서 적대적으로 대치 중이던 군인과 인민군은 대치 중에 여일이라는 여자가 수류탄의 고리를 가락지라고 빼앗아 간다. 그러면서 그 불발된 수류탄을 집 곳간 쪽으로 던져 버린다. 그때 하늘에서는 팝콘이 마치 하얀 눈처럼 터지게 된다. 전쟁의 잔혹함이라는 수류탄의 상징성이 평화와 아름다움으로 바뀌는 지점이다. 또한 인민군과 군인과 연합군이 동막골 사람들과 하나 되는 계기가 바로 하얀 팝콘에 있는 것이다. 계속 대립 중이던 군인과 인민군들이 순수한 동막골 사람들에게 미안함을 느끼고 무기를 내려놓는 지점이 바로 팝콘의 하얀 상징성 때문이라고 하겠다.

이 영화에서 순수한 신화적 세계의 중요한 상징 중에 하나가 여일이라는 여자를 사랑하는 인민군 학도병이다. 동막골의 순수함과 신화적 세계는 여일과 학도병의 사랑으로 이어진다. 이들은 첫사랑을 경험함직한 어린 나이인데 그것이 바로 순수한 동막골의 상징성과 조화를 이루는 것이다. 사랑이라는 표현은 기껏해야 귀에 꽃을 꽂아 주는 것이나 비 맞은 얼굴을 손수건으로 닦아 주는 정도인데 그러한 절제된 사랑의 표현이 오히려 자연스럽게 그려지고 있다. 감정 노출이 과다한 현대식 사랑 표현에 비해서는 매우 낯설게 느껴지지만 그러한 수줍음이 바로 동막골의 세계인 것이다.

동막골은 전쟁이라는 탈신화적인 세계에서 유일하게 지켜지는 신화적인 공간인 것이다. 여기에서 전쟁이라는 용어는 낯설며 생소하기까지 하다. 오직 평화와 조화, 그리고 사랑이 존재할 뿐이다. 이러한 과정이 바로 인민군과 군인 그리고 연합군들의 대립적 구도가 바로 동막골이라는 지점에 와서 협력적 구도로 바뀐 것을 통해 재현되고 있다. 이러한 변화는 바로 숲이라는 신화적 공간에 힘입은 것이라 할 수 있다. 이 지점에서 나무에도 정령신이 존재한다는 신화적 사고를 상기할 필요성이 있다. 애니메이션 〈월령공주〉에서 사람들은 숲을 정복하고 숲의 수호신인 사슴신을 무찌르려 한다. 그러나 인간은 더 큰 재앙을 만들고 결국 사슴신의 분노를 사게 되는 것으로 나온다. 동막골 사람들에게 숲은 그들의 신화적 세계를 지켜주는 대상인 것이다. 결국 인민군, 군인, 그리고 연합군인 미군은 단 하나의 목적을 위해 뭉치게 된다. 그것은 동막골을 지키는 것이며 동막골의 숲을 지켜주는 것이다. 따라서 전쟁이라는 대립 구도는 전혀 의미를 가지지 못하고 그들은 형과 아우가 될 수 있는 것이다. 세상은 전쟁과 평화, 아군과 적군의 대립 구도가 아니라 동막골을 지키고자 하는 사람들과 동막골을 파괴하고자 하는 사람들로 양분화 되는 것이다. 세상의 이념적인 논쟁의 거대담론이 하찮아지고 있다. 어느새 관중도 동막골이라는 신화적 장소를 지키는데 온갖 감각의 촉수를 세우게 되는 것이다.

〈웰컴투 동막골〉은 현실의 사람들에게서 현실과는 다른 세계를 보여 줌으로써 현실의 문제를 보다 객관화시키는 신화적 효과를 준다. 영화에서 사상의 대립이 아무런 해결점 없이 감상적 조화를 가져왔다고 비판할 수도 있겠지만 역으로 현실과는 다른 이상세계를 통해서 현실의 문제를 보다 간명하게 진단하고 앞으로 나아갈 수 있는 담론의 장이 열릴 수 있을 것이다. 아무런 해결점이 없이 조화와 평화만 강조했다는 비판이 현실의 담론으로 이 영화를 지적한 예라면 신화적 담론에서 이 영화의 해결점은 매우 긍정적이라고 할 수 있다. 신화의 세계에서는 자연과 인간의 조화가 이루어진 대칭적 구도를 지향하기 때문이다. 따라서 거기에는 복잡한 결말이 있을 수 없으며 사람들이 마음

속으로 평화로움을 느끼는 간단한 명제로 귀결된다. 아마도 이 영화는 원시의 베링해를 꿈꾸는 인간의 신화적 소망을 어느 정도 충족시킨 것이라고 할 수 있다.

(2) 욕망의 중층구조인 오이디푸스신화의 현현 : 〈올드보이〉

신화에서 인류의 시작은 크게 두 가지로 집약될 수 있다. 하나는 혼돈에서 우주의 질서가 하나씩 자리잡아가는 것이고 다른 하나는 타락한 인류가 절대자의 응징의 대가로 홍수에 의해 파괴되고 선택된 자들만이 살아남아 세상을 구성하고 있다. 성서의 노아의 방주 이야기와 그리스의 데우칼리온 신화와 이집트의 홍수 신화가 있고 중국의 공공과 전욱의 싸움이 불러온 홍수 신화가 있고 일본의 홍수 신화와 한국의 장자못 전설 등이 그러하다. 그런데 이러한 홍수신화의 끝자리엔 항상 살아남은 자들의 새로운 시작이 다시 있다. 그런데 이들은 하나같이 오누이의 관계이며 인류가 지속되기 위해서는 근친을 하지 않으면 안 되는 딜레마에 놓이게 된다. 그래서 신화 속에서는 절대자에게 허락을 받는 형식을 빌려온다. 복희와 여와는 산 위로 올라가 불을 지핀 다음 두 가닥의 연기가 합쳐지는 것으로 허락을 받고 이자나기와 이자나미는 과부족의 논리로 융합하여 세상을 창조한다. 그리고 한국의 오누이는 숫맷돌과 암맷돌을 산 위에서 굴려 자연스러운 결합을 절대자의 허락의 표지로 받아들이고 있다. 바타이유는 근친상간의 금기가 에로티즘의 출발점임을 지적한 바 있다(정재서, 2001:347). 그러나 이러한 근친에 대한 원죄의식은 신화 속에 여전히 남아 있는데 우리나라의 달래산 전설이 그것이라고 할 수 있다. 강원도 철원지방의 〈달래산 전설〉에는 산골에서 길을 가는 오누이가 비를 흠뻑 맞는다. 그런데 누이동생은 오빠의 만류에도 불구하고 뒤따라오지 않고 앞장서서 간다. 동생의 드러난 몸을 보며 오빠는 정욕을 참지 못하고 허리끈으로 목 졸라 죽는데 뒤늦게 이것을 알게 된 동생은 〈달래나 보지〉라고 울어서 달래산 전설이 되었다고 한다. 이러한 달래산의 신화소가 영화 〈올드보이〉의 이수아와 이우진 남매에게 보인다. 동생과의 사랑에 대한 세상의 부풀려진 소문과 그 소문대로 가상 임신까지 경험하는 누이는 죽음을 선택함으로써 그 죄의 대가를 치르려고 한다. 동생의 손을 끝까지 뿌리치면서 사랑하며 후회하지 않는다는 말을 남긴다. 이때부터 이우진은 그러한 소문을 낸 오대수에 대한 복수의 시나리오를 쓰게 된다.

영화의 시작은 오대수의 영문 모를 감금으로 시작된다. "누가"와 "왜"라는 질문을 수없이 하면서 오대수는 감금된 공간에서 15년을 미지의 대상에 대한 복수심으로 가상의 훈련을 한다. 드디어 세상 밖으로 나온 그에게 따뜻한 마음을 주는 미도라는 아이는 다름 아닌 자기의 딸인 것이다.

왜 이렇게 잔인한 주문에 오대수와 미도는 걸려든 것일까. 그 대답은 이우진의 복수에 있다. 이우진은 자기와 누이의 이야기를 세상에 퍼뜨려서 누이를 세상 밖으로 몰아버린 오대수에게 똑같은 고통을 안겨 주고자 하였다. 그러한 고통은 바로 부녀지간의 근친이라는 끔직한 시나리오였다. 여기에서 우리는 복수를 하기 위해 15년을 기다린 오대수가 복수의 주체가 아니라 복수의 대상이 되고 있음을 간파할 수 있는데 이러한 복수의 구조 한가운데에 오이디푸스 신화가 들어 있음을 볼 수 있다. 오이디푸스의 비극은 자기의 아비를 죽이고 자기의 어머니를 범할 거라고 예언한 신탁에 있지 않고 오히려 그것을 피하기 위한 그의 노력에 기인한다. 그는 길러 준 부모를 친부모로 알고 자신의 신탁을 피하기 위해 길을 떠나는데 산길에서 아버지 라이오스를 죽이게 되고 스핑크스의 수수께끼를 풀어서 어머니 이오카스타와 결혼을 하고 자식까지 낳는다. 결국 이러한 사실을 안 오이디푸스는 스스로 자기의 눈을 빼고 어머니 이오카스타는 자살을 한다. 근친이라는 신화소의 범주로 볼 때 이우진의 이야기나 오대수의 이야기는 모두 오이디푸스의 신화소를 가진다. 그러나 오대수의 경우가 직접적인 관련이 있다고 볼 수 있다. 오대수가 감금된 1년 후 그의 아내는 살해되었고 그 범인으로는 감금되어 있는 오대수가 지목되었다. 엄밀히 말하면 범인이라고 할 수는 없지만 오대수로 인하여 죽게 되었다는 점에서 오이디푸스가 아버지를 죽인 것과 같은 의미로 받아들여질 수 있으며 딸과 사랑을 한 것은 오이디푸스가 어머니와 결혼한 것과 등치가 되고 있다. 딸과 사랑한 아버지의 고통은 어머니와 결혼한 아들의 고통과 같은 무게를 지닌다.

거울의 상상력은 물의 상상력으로 이어진다. 들여다 보기는 인간의 내밀한 욕망을 자극하는데 거울과 물은 그러한 욕망의 투사체가 되고 있다. 나르시소스라는 미남자는 연못에 비친 자신의 모습을 연모하다가 그만 물에 빠져 죽고 만다. 바슐라르의 물의 상상력을 가져올 때 이는 난폭한 물의 상상력이라고 할 수 있는데 이수아의 거울의 상상력과 맞닿아 있다. 이수아는 동생과의 사랑의 장면을 보기 위해 둥근 거울을 꺼내든다. 자기의 모습과 동생의 모습을 거울을 통해 비춰보면서 매우 행복한 표정을 짓는다. 이는 우물에 비친 자기의 모습을 사랑하는 나르시소스의 신화소라고 할 수 있으며, 마지막 죽을 때 역시 자신을 카메라 렌즈에 비추고 자신은 난폭한 물의 세계로 뛰어든다. 아름다움을 비추는 거울의 이미지에서 죽음을 선택하는 물의 이미지로 흘러가는데 이는 나르시소스가 아름다움에 탐닉한 물의 이미지에서 죽음을 가져오고 있는 상상력과 그 궤를 같이한다고 할 수 있다. 이 영화에서 놓칠 수 없는 것은 훔쳐보기의 미학인데 이는 인간의 원초적인 욕망의 표출이라고 할 수 있다. 어찌 보면 이 영화는 훔쳐보기에서 시작해서 훔쳐보는 것으로 진행되다가 드디어 들통 나는 거시구조를 가진다. 오대수가 수수께끼의 열쇠가 되는 기억을 떠올리는 장면은 미용실 하는 여자 친구의 가랑이를 훔쳐보는 것에서 시작해서 문을 열고 들어오는 미니스커트 여자의 육감적인 가랑이 사이로 과거의 이수아가 보인다. 다시 과거의 이수아와 이우진의 장면이 깨진 유리창 사이로 오대수의 눈을 통해 보인다. 훔쳐보기는 또다시 이우진의 시선으로 이어진다. 어느 날 오대수를 감금한 이우진은 15년 동안 몰래카메라로 오대수를 지켜보고 있으며 오대수와 딸 미도를 지켜본다. 과거 오대수가 자신과 누이를 훔쳐봤던 것처럼 오대수와 미도가 사랑을 나눈 후의 모습을 방독면을 쓴 채 조용히 바라보며 미도를 만져본다. 이는 죽은 누이에 대한 금지된 사랑의 욕망을 오대수와 미도를 통해 실현시키는 동시에 복수의 형태를 띠고 있다. 또 하나 이 영화를 바라보는 코드로 빠질 수 없는 것이 바로 수수께끼의 미학이다. 이 영화는 처음부터 관객에게 수수께끼를 제시한다. 갑자기 왜 오대수가 갇혔을까, 누가 그렇게 했을까, 어떻게 오대수는 여기에서 탈출할 것인가, 미도는 왜 오대수를 사랑

■ 오이디푸스와 스핑크스 : 귀스타브 모로의 작품으로 수수께끼를 내고 있는 스핑크스의 관능적인 모습

하는 걸까, 이우진은 왜 오대수를 가두었을까 등등 계속되는 수수께끼가 이어진다. 영화는 관객에게 거시적인 틀로서도 수수께끼의 구조이지만 작품 안에서 주인공들에게도 수수께끼를 제시하고 있다. 이우진은 오대수에게 5일 동안 자기가 누구인지 알아맞히면 스스로 죽어준다고 말한다. 이는 스핑크스가 오이디푸스에게 수수께끼를 내고 그것을 풀면 벼랑으로 떨어져 죽는 신화소의 차용이라고 할 수 있다. 결국 오대수는 이우진과 이수아의 과거를 알아내고 자신의 혀가 벌여놓은 비극을 수습할 수 없어서 오이디푸스가 자신의 눈을 뽑았던 것처럼 자신의 혀를 잘라내고 이우진은 수수께끼가 끝났기 때문에 엘리베이터 안에서 자살한다. 이처럼 〈올드보이〉는 여러 사람의 욕망이 얽히고설킨 중층구조를 보인다. 이우진과 이수아의 욕망 위에 오대수와 미도의 욕망이 놓이고 다시 이우진의 복수의 욕망 위에 오대수의 복수의 욕망이 겹겹이 쌓이고 다시 그 위에 이우진의 사랑의 욕망이 쌓이고 그 위에 아버지 오대수의 사랑이 쌓이고 마지막으로 미도의 순진한 사랑의 욕망이 쌓인다.

(3) 선과 악의 이중성, 부활한 여성신 : 〈친절한 금자씨〉

〈친절한 금자씨〉는 영화감독 박찬욱이 기획한 복수의 삼파전의 마지막 작품이다. 박찬욱은 소포클레스의 삼대 비극을 인용하면서 복수의 세 작품을 영상화했는데, 〈복수는 나의 것〉, 〈올드보이〉, 〈친절한 금자씨〉가 그것이다. 〈친절한 금자씨〉는 원모를 유괴해서 죽인 살인마 백선생을 대신해서 감옥에서 13년을 보낸다. 이금자가 누명을 쓰고 들어가야 하는 이유는 자신이 낳은 딸을 죽이겠다는 백선생의 협박 때문이었다. 이 잔혹한 운명은 그녀를 유명하게 만들었지만 이금자를 더 유명하게 만들었던 것은 그녀의 때 묻지 않은 미모 때문이었다. 이 운명의 비극이 금자의 처녀 임신이라는 원죄에서 비롯되었음을 알 수 있다. 금자가 여고생의 몸으로 임신을 하고 구원자로 선택한 사람이 바로 악의 화신인 교생 백선생이었다. 백선생에게 복수하기 위해서 금자는 친절한 모범수로 복역을 하고 감옥 안의 모든 사람들에게 사랑을 받게 된다. 그러나 감옥 안에서 금자는 실제 살인을 저지른다. 감옥 안에서 사람들을 괴롭히는 마녀 같은 인물에게 3년 동안 락스를 먹였던 것이다. 그러나 이것 때문에 금자는 더욱 친절한 금자씨가 된다. 금자의 원죄는 바로 처녀 임신에 있다고 할 수 있는데 신화에서는 이러한 처녀 임신이 자주 등장한다. 신화에 나오는 처녀임신은 영웅의 탄생을 더욱 빛내주는 장식품처럼 등장한다. 따라서 주로 처녀 임신으로 탄생한 영웅의 기이한 행적이 주요 관심 대상이 되어 왔다. 영웅의 신성성을 확보하기 위해서는 그들의 출생 자체가 신비스럽지 않으면 안 되었다. 신비한 출생의 이야기를 가짐으로써 영웅은 고난을 극복할 수 있는 자질을 구비하게 되었고, 권력을 장악한 왕은 절대성을 인정받게 되었다(김화경, 2003:63). 이러한 처녀 임신으로 유명한 신은 아테나, 성모 마리아, 유화 등을 들 수 있겠다. 아테나는 엄마에게서가 아니라 아버지 제우스의 머리에서 갑옷을 입고 탄생한 인물이며 숫처녀의 상징이다. 그러나 이 아테나를 좋아했던 헤파이스토스의 일방적인 사랑 행위로 아테나는 자신의 허벅지에 묻은 정액을 대지에 뿌림으로써 아들 에릭토니오스를 얻게 되고 그는 후에 아테네의 왕이 된다. 따라서 처녀로서 아들을 두고 그 아들이 왕이 되는 것이다. 이와 비슷한 우리나라 유화 역시 햇빛에 의해 잉태되어 알을 낳는데 이 알에서 나온 이가 바로 주몽인 것이다. 신화학자 김화경에 의하면 남성이데올로기의 세계를 형성하기 위해서 처녀임신이라는 기이한 신화가 등장했을 가능성이 높다. 백선생이라는 인물이 남성 위주의 이기적인 세계관을 보여주고 있다면 이금자는 처녀임신을 통해서 신화에 나타나고 있는 성처녀 이데올로기를 비틀고 있는 것이라 할 수 있다. 신화의 처녀임신이 영웅의 탄생을 정당화 하는 도구로 쓰이고 있다면 이금자의 처녀임신은 여성이 타락하는 첫 단추로 작용되고 있음을 보여준다. 따라서 처녀임신의 신성성은 깨뜨러지게 되는 것이다.

친절한 금자씨는 마녀 금자씨이기도 하다. 영화 속의 이금자는 선과 악이 절묘하게 섞여 있는 인물인데 감옥에서 자원봉사와 간병인 생활을 하고 심지어 죄수들에게 설교까지 하는 천사와 같은 모습을 보여주고 있다. 그러나 동시에 감옥에서 사람을 죽이고 감옥을 나와서 복수를 준비하는 과정은 흡사 전문 킬러와도 같다. 그녀가 가장 선한 모습으로 보여질 때는 딸 제니와 함께 하는 장면이며 가장 악한 모습으로 제시되는 장면은 백선생을 대하는 곳이다. 그녀에게 보이는 선과 악은 인간의 야누스적인 속성으로 신화에서는 선과 악이 하나임을 보여 주고 있다. 고대의 신화를 살펴보면 선과 악이 근본적으로 한 뿌리에서 잉태된 것이라는 것을 확인할 수 있는데 이집트의 오시리스와 세트 형제를 예로 들 수 있다. 둘은 한 부모에게 태어난 형제인데 형 오시리스는 선을 관장하고 동생 세트는 악을 관장하는 신이다. 어느 날 동생 세트는 형의 자리를 탐해서 속임수를 써서 형을 관에 넣어서 강물에 버린다. 그것으로도 부족해 형의 몸을 갈기갈기 찢어버리고 형의 자리를 차지한다. 성경의 유명한 카인과 아벨 역시 형제로서 선과 악을 상징한다. 그리스신화에서 가이아가 최초로 낳은 자식이 에로스와 타르타로스라는 것도 이러한 선과 악의 미묘한 공생을 말해주는 부분이 된다. 에로스는 사랑으로 선을 상징한다면 타르타로스는 죽음으로 악을 상징한다고 할 수 있다. 그렇다면 이러한 신화들을 통해서 볼 때 선과 악은 근본적으로 한 뿌리였음을 알게 되는데 한 인물 안에서 선과 악을 상징하는 신도 역시 존재한다. 바로 인도의 데

비 여신으로서 선의 모습인 '우마'와 악의 모습인 '칼리'가 친절하기도 하고 마녀 같기도 한 이금자와 일치되는 부분이다. 그렇다면 인간이 악한가 선한가의 문제를 놓고 볼 때 인간에게는 두 요소가 복합적으로 존재함을 알게 된다.

자식을 위해 자신이 저지르지도 않은 살인을 인정하고 감옥으로 들어가는 모정은 우리가 신화 속의 클뤼타임네스트가 남편 아가멤논을 살해한 것에 대해 무조건 비난하지 못하는 것과 같다. 아가멤논은 클뤼타임네스트의 남편과 자식을 죽이고 강제로 그녀와 결혼을 한다. 그래서 낳은 자식이 이피게네이아, 엘렉트라, 오레스테스인데, 여기에서 한 발 더 나아가 아가멤논은 트로이 전쟁 때 딸 이피게네이아를 영웅 아킬레우스에게 시집보낸다고 속이고 딸 이피게네이아를 그리스 전쟁의 희생의 제물로 바친다. 이러한 거짓 속임수를 안 클뤼타임네스트는 전쟁에서 승리하고 돌아온 남편 아가멤논을 죽이게 되고 이것 때문에 딸 엘렉트라는 동생 오레스테스를 부추겨서 엄마를 살해하는 비극을 맞는다. 이것은 〈아가멤논〉이라는 그리스 비극의 이야기가 전하는 내용이다. 결국 자식의 복수를 위해 모정은 살인을 하게 되었는데 여기에서 모정은 비난보다는 얼마간의 동정을 얻는다. 다시 〈친절한 금자씨〉로 돌아와 살펴볼 때, 이금자가 백선생을 가해하고 살인하는 것은 어린 아이들의 아우성을 즐기면서 살인을 한 백선생에 대한 모성들의 복수라고 할 수 있다. 처음에 희생된 원모라는 아이를 비롯해서 네 명의 아이들이 아무런 이유 없이 죽은 것이다. 이금자는 이 죽은 원혼들에게 친절한 금자씨가 되어야 하며 그것이 자신의 딸 제니에 대한 최소한의 속죄가 되는 것이다.

우리는 친절한 금자씨의 인물이 거부할 수 없는 미인이라는 데 관심을 둘 필요가 있다. 실제로 이 영화는 예쁜 것을 상당히 중요한 상징적 코드로 잡고 있음을 알게 된다. 영화 첫 부분에 금자가 유명해진 것은 그녀가 저지른 살인 때문이 아니라 청순하고 가련한 그녀의 돋보이는 아름다운 미모 때문이라고 강조한다. 금자는 살인을 하기 위해 총을 부탁하면서도 총을 만드는 사람에게 무조건 예뻐야 한다는 것을 무척 강조한다. 그녀가 만드는 케이크 역시 왕궁에서나 먹을 수 있을 만큼 화려하고 맛있기까지 해야 한다. 그만큼 예쁘다는 코드는 〈친절한 금자씨〉를 해석해 나가는 중요한 열쇠가 되고 있다. 또한 놓칠 수 없는 것은 금자가 만들어 내는 케이크의 의미를 살펴보는 것인데 “예쁘다”와 “케이크를 만들다”에 대해서 신화적 사유를 풀어볼 수 있겠다.

아름답기 때문에 불행이 축소되는 유명한 신화의 이야기가 있다. 그것은 바로 〈일리아스〉의 이야기 속 헬레네의 이야기인데, 헬레네는 스파르타의 왕인 메넬라우스의 부인이며 아가멤논의 부인 클뤼타임네스트의 자매이다. 아가멤논과 메넬라우스가 형제이고 헬레네는 클뤼타임네스트와 자매이니, 우리식으로 말하면 겹사돈일 것이다. 그러나 유독 헬레네에게만 왠지 모르게 면죄의 특권이 주어진 듯하다. 장영란의 주장에 의하면 미인은 무죄라는 논리가 적용됨직하다(장영란, 2001). 신화에서 가장 아름다운 이 여인 헬레네는 스파르타 메넬라오스 왕의 부인임에도 불구하고, 파리스를 따라 트로이로 도망을 가게 된다. 결국 트로이 전쟁이 발생하고 트로이는 커다란 재난을 당하게 된다. 이렇게 큰 죄에도 불구하고 헬레네는 다시 남편에게 용서를 받고 그리스인들에게도 용서를 받는다. 대체적으로 편안한 여생을 가질 수 있었던 행운의 여자다. 어딘지 모르게 이 부분의 신화는 불공평해 보이지만 예쁘면 뭐든지 가능하다는 식의 남성 중심적인 사고가 스며들어 있어 보인다. 이러한 헬레네를 향한 신화 속의 인물들의 사유가 〈친절한 금자씨〉의 이야기에 녹아 있다. 사람들은 그녀의 죄를 알고서도 예쁘다는 것에 더 많은 관심을 가지고 감옥에서도 역시 예쁘다는 바로 착하다와 친절하다로 이어진다. 그녀가 케이크를 잘 만든다는 것 역시 매우 아이러니한 상징이다. 그녀의 목표는 복수인데 복수의 과정에 달콤한 케이크를 만드는 것이 들어있다는 점이 아이러니를 가져온다.

그녀는 감옥에서도 하찮은 재료를 가지고 왕국에서나 먹음직한 훌륭한 케이크를 만들어내는 다이달로스의 손을 가졌다. 이것은 처녀 엄마의 상징이던 아테나가 올리브 나무로 열매와 기름, 의약, 땔감을 주고 유화가 곡모신의 역할을 한 것과 같은 대지모신의 발현으로 보인다(김화경,

2003:63-82). 감옥에서 그녀는 사람들을 위해 달콤한 케이크를 만들었고 원모와 아이들을 잃은 부모들과 함께 백선생을 죽이고, 묻은 자리를 마치 고대신화 속의 사람들이 곡식을 뿌려놓고 땅을 밟으면서 주술을 부리는 것처럼 원을 둘러가며 땅을 밟는다. 그리고 둥글게 모여 그들은 금자가 만든 케이크를 먹으며 마치 노동을 끝낸 것처럼 케이크의 맛에 고개를 끄덕이며 만족한 모습을 보인다. 영화 마지막 부분에서 사람들이 함께 케이크를 먹는 장면은 살인이 마치 원시부족에서 이루어지는 주술적 축제처럼 보이게 한다.

(4) 생명을 부활시킨, 운명을 바꾼 사랑의 힘 : 〈이프온리〉

사랑하는 사람에 의해 남몰래 간직해온 가수의 꿈을 실현시키는 여주인공 사만다의 노래 〈사랑은 모든 것을 보여준다 *Love will show you everything*〉는 진정으로 사랑하는 마음이 얼마나 가슴 저린 것인가를 보여준다. 〈이프온리 *If Only*〉는 로맨티스트인 여주인공 사만다와 출세 지향적인 일에 중독되어 자기의 연인을 사랑하지만 늘 일을 우선시하는 남자 주인공 이안의 슬픈 사랑 이야기이다. 그들은 서로 사랑하지만 서로가 지향하는 사랑의 방법과 삶의 방식은 달랐다. 한 사람은 사랑하는 것만으로 세상이 풍요로울 수 있었고 다른 한 사람은 사회적 성공과 부를 사랑의 필수적인 조건이 필요했다. 사만다의 졸업연주회가 있는 날, 운명적인 사건이 일어나고 만다. 그날 하필이면 남자 주인공 이안은 중요한 투자 설명회가 있었다. 자신의 졸업연주회를 기억하지 못하는 이안에게 서운해 하지만 사만다는 이안이 두고 간 설명회 파일을 발견하고 투자회의장으로 간다. 사만다의 출현으로 투자 설명회는 어긋났고 이안은 사만다의 전화조차 받지 않는다. 그런데 졸업연주회에 가는 택시에서 그는 "그녀가 있음을 감사하고 계산없이 사랑하라"라는 계시적인 말을 듣는다. 졸업연주회가 끝나고 둘은 서로의 서운함을 앞세우고 결국 사만다는 혼자 택시를 타고 가다 이안의 눈 앞에서 사고로 비극적인 죽음을 맞이하게 된다. 사랑한다는 말도 못한 그는 자책과 후회와 슬픔이 섞인 채 다음날 눈을 떴는데 어제의 하루가 다시 그에게 주어지게 되는 것이다. 일생에 다시 오지 못하는 하루의 사건을 다시 돌려보고 싶은 인간의 원초적인 욕망이 드러난 영화라고 할 수 있다. 이 영화는 사랑하는 자의 죽음을 받아들이지 못하고 운명을 바꾸고 싶은 신화 속의 이야기의 연장이라고 할 수 있다. 죽음의 스틱스 강을 건넜던 신화 속의 유명한 인물에는 오르페우스와 이시스가 있다. 오르페우스는 독사에게 물려 죽은 부인 에우리디케를 구하기 위해 저승과 이승을 모두 감동시킬 정도로 슬픈 음악을 연주한다. 저승의 신들조차도 허락해서는 안 되는 망자의 운명을 바꿀 수 있는 기회를 주게 된다. 이시스 역시 동생 세트에 의해서 죽은 남편의 조각난 시신들을 모두 모아 부활시키는 사랑의 화신이다.

오르페우스는 사랑하는 사람을 찾기 위해 이안이 하루를 다시 부여받은 것처럼 명부로 내려간다. 그런데 오르페우스는 에우리디케를 데리고 나오면서 절대 뒤를 돌아봐서는 안 되었지만 정말로 따라오나 너무 궁금한 나머지 신들이 내린 금기 사항을 아슬아슬하게 지키지 못하고 결국 뒤를 돌아보게 된다. 이러한 금기의 위반에 대한 신화 속 처벌은 잔인할 정도로 슬프다. 에우리디케는 다시 지옥으로 떨어져버리는 것이다. 그렇다면 이안에게 내려진 신의 금기 사항은 무엇인가. "그녀가 있음을 감사하고 계산 없이 사랑하라"는 택시 기사의 말일 것이다. 이안은 다음날 아침, 똑같은 일이 반복되는 것을 보고 어제의 일이 나쁜 악몽이었으면 바란다. 하지만 너무 생생히 진행되는 사건 재현에 정해진 운명을 어찌할 수 없음을 알게 된다. 그는 택시기사의 금기처럼 계산 없이 그녀를 단 하루라도 사랑해 주려고 마음먹는다. 그와 그녀에게 남은 단 하루이지만 최고의 사랑이 담긴 하루가 되기 위해 사만다에 대한 자기의 사랑을 유감없이 발휘한다. 그녀와 함께 자기의 유년을 돌아보고 그곳에서 자신의 참된 모습을 보여준다. 이제 그녀를 위해 자신만이 할 수 있는 마지막 일은 그녀의 비밀스러운 꿈을 실현시켜 주는 것이다. 졸업연주회를 통해 사만다로 하여금 자신의 노래를 부를 수 있는 자리를 마련해 주고 행복한 그녀를 보면서 그 역시 행복해 한다. 또 다시 어제처럼 졸업연주회에 가야하는데 그 택시기사를 만나게 되고 또 같은 이야기를 듣는다. 이제 운명을 피해갈 수 없음을 느끼고 이안은 사만다와 최후의 순간을 맞이해 가고 있다. 졸업연주회의 사만다는 자신을 사랑하는 이안으로 인해 마침내 자신의 꿈을 펼 수 있게 된다. 어제와 같이 혼자 택시를 타려는 사만다에게 자신이 5분을 사랑하는 것은 50년을 사랑하는 것만큼이나 행복했노라고 말한다. 그리고 어제와는 달리 그는 사만다의 옆에 함께 타고 간다. 어제의 그 시간이 되었을 때 운명처럼 똑같은 사고가 일어나고 이제 산 자와 죽은 자는 서로 운명이 바뀌었다. 사만다 대신에 이안이 죽어간 것이다. 사랑으로 죽은 연인을 부활시킨 이안은 행복하게 그 자리에서 자신을 희생한다. 사만다의 〈내 마음을 가져가 줘 Take my heart back〉는 자신을 사랑하는 이안에게 자신의 모든 것을 바치는 노래인 것이다. 사만다의 생명을 부활시키고 운명을 바꾼 이안의 사랑은 오르페우스의 신화소 보다는 오시리스와 이시스의 신화소에 더 가깝게 닿아 있다. 이시스는 자신이 사랑하는 연인인 오시리스의 시신 조각들을 모아서 다시 부활시키는 데 성공한다. 이안은 자신에게 내려진 신의 계시를 너무도 충실히 수행했기에 자신의 여인을 살려내고 자신의 사랑을 영원히 남겨 줄 수 있었던 것이다.

영화에서 놓칠 수 없는 블랙 캡의 택시 운전사는 이 영화를 더욱 신화적으로 만들어간다. 영화의 처음부터 나타나서 불쑥 이안에게 계시와 같은 말을 하고 사라진다. 그 계시는 "그녀가 있음을 감사하고 계산 없이 사랑하라"인데 이 작품의 끝까지 이 계시는 주문처럼 따라다닌다. 신화의 세계에서 삶과 죽음은 그리 멀지 않다. 그리고 삶에서 죽음으로 이행할 때 결코 혼자서 가지 않는다. 아마도 우리나라의 저승사자도 그러한 신화적 상상력의 소산일 것이다. 이러한 저승 사자로 유명한 저승신은 단연 이집트의 아누비스일 것이다. 아누비스는 선도자라고 하기도 하고 길을 열어주는 자라고 하기도 한다. 머리엔 재칼을 쓰고 흡사 개머리 같은 인상을 주기도 하는데 이 저승신은 밤이나 낮이나 모두 볼 수 있는 능력이 있다. 태양이 지는 나일강 무덤 근처에 산다고 하는데 죽은 사람을 명계에 인도해 주는 역할을 한다. 아누비스는 이시스에 의해 부활한 저승세계의 왕인 오시리스에게 죽은 자를 인도해 주는 역할을 한다. 죽은 자의 심장은 저울에 놓이고 살아 있을 때의 행동에 대해서 판정이 내려진다. 블랙 캡의 죽음의 사자는 이안에게 사만다가 죽기 전

■ 오시리스: 죽은 자를 심판하는 저승의 신

에 최선을 다해서 사랑을 보여 주라고 슬쩍 운명을 일러 주었음이 분명하다. 그런데 이안은 그만 그의 이야기를 따르지 못한 상태에서 사만다는 죽어갔다. 블랙캡이 아누비스의 역할이라고 한다면 아마도 사만다의 가슴의 무게가 너무 가벼웠을 것이다. 사랑하는 사람에게 사랑한다는 말도 듣지 못한 채 서운한 마음과 슬픔으로 가득 찬 심장이었을 테니, 블랙캡의 운전수는 함량 미달인 사만다의 심장을 다시 채우기 위해 이안에게 다시 계시를 주었을 것이다. 덕분에 이안은 단 하루 동안 진정으로 그녀의 가슴에 사랑을 가득 채운다. 그는 마지막 택시를 타는 그녀에게 "오늘 너에게서 배운 덕분에 내 선택과 삶이 완전히 달라졌어. 그렇다면 충만한 인생을 산 거야. 5분을 더 살든 50년을 더 살든 오늘 네가 아니었다면 사랑에 대해 영영 몰랐을 거야." 이안은 마지막으로 그녀에게 이런 말을 남기고 그녀의 운명과 자신의 운명을 바꿔치기 한다. 아누비스는 뜨겁고 무거운 이안의 심장을 저울에 올리게 된 것이다.

VI.

놀이와 게임의 세계관으로서의 신화성

1. 오프라인 놀이와 게임 세계관으로서의 신화성

게임의 범주는 크게 오프라인 게임과 온라인 게임으로 나뉜다. 오프라인 게임은 놀이의 성격이 강하며, 온라인 게임의 범주는 게임의 성격이 강하다. 따라서 오프라인 게임의 향유 층은 취학 전후의 어린이가 대부분이고 온라인 게임은 그 후의 연령을 대상으로 한다. 현대의 게임문화를 신화로 읽어 가는데 있어서 먼저 어린이들의 놀이가 어린이들에게 어떤 의미인지 살피고 그 안에 담긴 신화적 의미를 읽어 보고자 한다.

호이징아나 까요와가 지적하는 놀이와 게임의 속성은 주로 사회적 측면의 의미인데 반해 프로이트와 같은 심리학자에 의하면 게임은 심리적 긴장감의 해소라고 말한다. 그의 책 『쾌락 원칙을 넘어서』에서 포르트Fort/다da (없다 /

있다)는 엄마가 사라지는 것을 저항 없이 허락하는 어린이의 본능적인 놀이성이다. 즉 포르트/다 게임은 어린이에게 대상의 사라짐과 되돌아옴을 상징적으로 받아들이게 해 준다. 어린이는 사라진 엄마에 대한 불안을 포르트/다 놀이를 통해서 해소한다. 놀이와 게임의 심리학적 접근을 시도한 도날드 위니캇은 이행 공간과 이행 시간에서 게임에 임하는 자는 자아가 통합되기도 하고 승화되기도 한다고 말한다. 이행 공간이란 문화 체험의 영역이고 예술 활동의 영역이다. 이행 시간은 이행 공간을 유년시절에 뿌리내리게 하는 것이며 한편으로는 무의식의 과정에서 유래되는 필연적인 유아적 퇴행과 놀이에 호소하는 시간이다. 그곳에서 주체는 보상이 가능하고 해체된 자신의 현재와 붕괴된 자신의 과거를 개인적인 카니발로 복원한다(위니캇, 1997:67-88). 규칙을 지켜야 하는 게임에 참가하는 사람들은 일련의 행동 규칙을 부여받는다. 따라서 집단 내의 분화와 갈등은 최소화 되는 이점이 있다. 수잔나 밀라의 『놀이의 심리』에서 가장놀이(make-believe play)에 따르면 실물이 없어도 그 대상을 연상할 수 있도록 하며 언제나 상징적인 제스처에 의해 의사소통 할 수 있게 된다. 의사소통의 대용물들은 그 맥락을 변화시켜가면서 적응하게 된다. 그리고 적응하는 과정에서 분노와 욕구 불만과 같은 감정들은 환상과 감정놀이에 영향을 준다.

오프라인 게임 즉 취학 전후 어린이들의 게임을 까요와

의 놀이 체계로 유형화시켜 보고 그 안에서의 신화적 의미를 읽어볼 수 있다. 까요와는 놀이의 성격을 여섯 가지로 규정하고 있다. 자유로운 활동이며, 명확한 시간과 공간의 범위 내에 한정되어 있고, 결과가 미리 확정되지 않은 활동이며, 재화도 부도 어떤 새로운 요소를 만들어 내지 않는 비생산적인 활동, 그리고 규칙이 있는 활동이며 허구적인 활동이다. 까요와는 인간이 소란에서 규칙으로 가는 과정을 파이디아(paidia - 즉흥과 희열의 원초적인 힘)가 루두스(ludus - 이유 없는 어려움을 추구하는 취향)로 나아가면서 여러 가지의 놀이를 만들어가는 과정이라고 보고 있다. 크게 아곤, 알레아, 미미크리, 일링크스(경쟁, 운, 모의, 현기증)의 네 가지로 놀이를 분류하고 있다(까요와, 1994:70).

네 가지 분류체계에 의해서 우리 어린이들의 오프라인 게임을 종류와 다양성을 잘 고려하여 분류 체계화시킬 수 있을 것이다. 간단히 대표적인 것을 살펴보면 최근에 유행했던 〈 탑블레이드 〉, 〈 베틀비드맨 〉, 〈메이폴 스토리 고무 딱지〉 등은 아곤의 게임 형식이다. '누가 더 잘 돌리는가', '누가 더 멀리 쏘는가', '누가 잘 뒤집는가' 등의 경쟁심이 게임의 주 내용인데 흥미로운 것은 이러한 놀이들이 우리의 팽이 돌리기, 구슬치기에서 발달된 게임의 형태임을 알 수 있다. 이미 애니메이션으로 제작될 정도로 이러한 현실 모방의 게임들은 어린이 놀이 문화를 주도해 가고 있다. 〈유희왕〉이라는 카드게임은 장기나 체스게임을 연상시키면서 현대 어린이들의 상상력과 잘 결부된 게임형식으로 만화 애니메이션 시리즈로 방영되었으며 극장판 영화로도 제작되어 어린이들뿐만 아니라 성인들도 그 영화를 보면서 이집트 신화의 상상력을 느낄 수 있다. 까요와의 분류로 치자면 〈유희왕〉은 카드의 우연성에 의지하며 그 카드의 힘이 결투의 대상이 된다는 측면에서 알레아와 아곤의 결합형태라고 할 수 있다. 게임의 내용면에서는 실제 어린이들이 '유희'와 '카이바' 같은 게이머들을 가정하면서 게임을 진행한다는 측면에서 모방의 미미크리를 살펴볼 수 있으며 카드의 종류에서 마법카드나 함정카드는 게임의 진행을 뒤바꿔버리는 흥분이나 얼떨떨함을 보여주는 일링크스적인 복합적 놀이 게임의 양태를 지닌다. 최근 〈탑블레이드〉, 〈유희왕〉 뿐만 아니라 대다수의 어린이 게임이 사랑을 받는 근본 이유는 신화적 상상력을 자극하는 무의식적인 기제를 들 수 있다. 또한 신화에서 차용 가능한 상상력이 어떻게 놀이와 연결되어 있으며 향후 어떤 방향으로 연결되어질 수 있는지의 가능성까지 검토해서 게임과 애니메이션 그리고 캐릭터와 같은 문화상품을 창출하는 문화콘텐츠의 의미를 살펴볼 수 있을 것이다.

(1) 수호신과 전사의 신화 찾기 : 〈탑블레이드〉

〈탑블레이드〉 게임은 4개의 팽이 '드래곤', '드래이거',

'드레샐', '드랜져'가 각각 다른 탄생의 배경을 가지고 등장한다. 각 팽이들은 성스러운 동물, 즉 성수를 수호신으로 가지고 있는데, 청룡, 백호, 주작, 현무가 그것이다. 이 팽이 게임도구와 애니메이션은 한일 합작의 형태를 띠고 있는데 두 나라 모두 팽이의 문화가 있는데다가 동양신화의 사유가 일치하기 때문에 가능하였다고 할 수 있다. 2001년부터 인기를 얻기 시작해서 탑블레이드, 탑블레이드V, G블레이드 등으로 다양화되고 있다. 주인공 강민, 레이, 맥스, 카이 등이 각각 드래곤, 드레이거, 드레셀, 드랜져 등 네 개의 주요 팽이로 시합을 펼치면서 경쟁과 우정을 과시한다. 이 게임의 바탕이 되고 있는 팽이의 성수와 그 신화적 상상력을 살펴보면 어린이들이 무의식 중에 펼치는 게임 안에서 차용된 신화성이 작용함을 읽어 낼 수 있다.

청룡은 주인공 강민의 탑블레이드인 드래곤에 깃들여 있는 성수이다. 주인공 강민은 좀 덜렁대지만 밝고 건강한 아이로 의협심이 무척 강하고 친구간의 의리를 가장 소중히 생각하는 인물이다. 그는 집안 대대로 내려오는 청룡검에서 성수 청룡을 얻게 된다. 청룡은 동쪽을 상징하는 사신 중의 하나로서 동방의 수호신이며 목성을 나타낸다. 동양에서는 말을 잘 타는 사람을 청룡이라고 불렀으며 중앙에 황을 배치하고 동, 서, 남, 북을 지칭하는 상징물을 썼다. 주인공 강민은 경기 중에 청룡을 부르면서 회오리바람을 주무기로 내세운다. 끝까지 포기하지 않는 공격성을 가진 청룡은 강민 집안의 자랑이다.

백호는 레이의 탑블레이드인 드레이거에 깃들여 있는 성수이다. 레이는 중국의 소수민족인 백호족 출신이며 항상 냉정하고 강한 신념과 탐구심을 가진 소년이다. 자신의 부족의 규율에 답답함을 느껴 부족을 떠나온 소년이며 승부에 대한 집념이 강하다. 그러나 동족을 버렸다는 원죄의식 때문에 우수에 젖어있는 소년이다. 드레이거의 비트엔 백호족의 상징인 백호가 깃들여 있다. 동양신화에서 백호의 출현은 상서로운 증후를 지닌다. 사신 중에서 서쪽을 관장하는 수호신이며 의로운 동물로 그려지고 있다. 백호는 가을을 상징하며 머리 모양은 호랑이 같으나 목과 몸통과 꼬리는 파충류처럼 보인다. 머리의 모양과 몸에 있는 파상형 줄무늬에 의해 청룡과 구별되고 있다. 팽이 드레이거의 주무기는 호랑이 발톱이며 강한 힘을 자랑하기도 한다.

주작은 카이의 탑블레이드인 드랜저에 깃들여져 있는 성수이다. 카이는 어린시절 나쁜 사람에게 사육되다시피 탑블레이드를 훈련받으면서 자란 소년이다. 가슴 속에 최고에 대한 열정이 누구보다 강하며 경기에 대한 열정도 대단하다. 터프가이의 인상을 주고 있는데 그가 사용하는 탑블레이드의 성수는 남쪽을 지키는 주작이다. 현실과 상상이 복합적으로 섞인 봉황의 모습을 하고 있으며 남쪽의 수호신 역할을 한다. 주작은 은빛의 색을 띠고 불새라고도 불리며 밤을 좋아하지 않는 것으로 알려진다. 주로 고대 무덤이나 벽화에 그려져 있다. 이러한 상징 때문인지 카이가 경기 중에 사용하는 드랜저의 주무기는 불꽃 화살이며 단시간에 승부를 결정짓는 공격형 선수이다.

현무는 맥스의 탑블레이드인 드레셀에 깃들어 있는 성수에 해당한다. 맥스는 장난감 가게를 운영하는 아버지와 탑블레이드를 연구하는 미국인 엄마를 둔 혼혈아로 이국적인 소년이다. 맥스가 사용하는 성수는 현무에 해당한다. 현무는 북쪽의 수호신이라고 할 수 있는데 거북과 뱀이 합쳐진 모습이다. 북방에 위치하기 때문에 현(玄)이라 일렀고 몸에 비늘과 두꺼운 껍질이 있어서 무(武)라고 불렀다. 고구려 고분 벽화 쌍영총에 현무 벽화가 보인다. 이 팽이는 방어가 주 무기인데 위험한 순간에 초인적 에너지가 발생한다. 맥스의 성수는 어머니가 준 팬던트 안에 숨어 있다가 나오게 된다.

이 네 가지 외에도 블랙이나 가이어라는 접두어가 붙은 팽이들이 등장하고 있으며 기본적인 성수와 그 상징들은 비슷하다. 실제로 게임을 하는 어린이들의 모습을 볼 때 이러한 성수들의 역할은 매우 중요한 도구가 된다. 실제로 그 성수의 힘을 통해서 자신의 팽이가 힘을 얻는다고 생각한다. 실제로 어린이 게임에서 보이는 성수의 힘은 경쟁(아곤)의 게임 방식을 매우 강하게 보이지만 모방의 심리기제인 흉내 내기(미미크리)도 강하게 보인다. 어린이들은 애니메이션에서 선보이고 있는 각 인물들과 성수의 움직임을 오프라인 놀이 공간에서도 그대로 모방해서 재현해 내고 있기 때문이다. 어린이 오프라인 게임에서 신화성이란 각각의 도구들의 상징성에 주로 의지하고 있다.

(2) 게임으로 부활하는 이집트 신화 : 〈유희왕〉

오프라인 게임 〈유희왕 카드〉는 텔레비전에서 동시에 유희왕 이야기와 카드게임의 방법이 애니메이션으로 방영되면서 더 잘 알려진 게임이다. 이러한 인기에 힘입어 결정판 격인 극장판 〈유희왕-빛의 피라미드〉가 개봉되기에 이르렀다. 유희왕의 신화성을 살펴보는 중요 신화는 바로 이집트 신화이다. 이집트 신화는 그리스 로마신화에 익숙한 관객에게는 다소 낯설게 느껴지는 부분이 있긴 하지만 미이라와 피라미드 전설이 대중적으로 무리없이 친숙하게 받아들여질 수 있다. 주인공 유희는 고등학생이자 듀얼리스트(Dualist), 즉 듀얼몬스터 게이머이다. 듀얼 몬스터 게임은 매직 앤 위저드(Magic and Wizard) 게임의 플레이어가 마법사가 되어 카드상의 몬스터를 소환하거나 마법을 이용해서 싸우는 카드 베틀 게임이다. 카드의 이미지가 3D 영상으로 직접 실체화되어 나타나는 게임의 방식이다.

주인공 유희는 어느 날 할아버지가 선물한 고대 이집트 천 년 퍼즐을 맞추는 데 성공하고 막대한 에너지를 가진 고대 악마 아누비스를 깨어나게 한다. 아누비스는 오천 년 전에 세계를 멸망시키려 했지만 파라오와 어둠의 게임에 패하게 되어 계속 봉인되어 왔었다. 천 년 퍼즐을 맞춘 유희에게는 그 파라오의 힘이 들어오며 또 다른 어둠의 유희를 가지게 된다. 유희는 이 힘을 바탕으로 듀얼 몬스터 챔피언이라는 카이바를 물리치고 세계 챔피언이 된다. 유희가 가지는 이집트 삼환신 카드는 오벨리스크 거신병, 오시리스의 천공룡, 라의 익신룡인데 카이바는 이를 물리칠 카드를 구하기 위해 페가수스라는 이 카드게임의 창시자를 찾아가서 빛의 피라미드라는 카드를 얻어 낸다. 아누비스는 오래 전에 계획했던 세계 종말의 계획을 실행하기 위하여 방해자인 어둠의 유희 즉 파라오에게 복수하기 위해 승부욕에 불타는 카이바의 영혼을 이용하였던 것이다. 카이바는 이런 아누비스의 계획을 모른 채 게임에 임하지만 결투에 임한 어둠의 유희는 이 카드에서 이상한 기운이 감돌고 있음을 느끼고 이러한 와중에 본래의 또 다른 유희는 친구들과 함께 천 년의 퍼즐 속으로 빨려들게 된다.

카이바는 푸른 눈의 백룡카드를 써서 초신성 공격을 하고 빛의 피라미드 카드를 이용해서 외부와의 경계를 만들어 공격하고 유희의 이집트 신의 카드를 무찌르려고 한다. 어둠의 유희는 카이바와 카드게임이 단순한 카드게임이 아니라 실제 생명까지 파멸시키는 죽음의 게임임을 깨닫고 카이바를 말리지만 이미 카이바는 아누비스의 영혼에 자신의 통제력을 잃어버렸다. 이 대결을 지켜본 카이바의 동생

모쿠바와 유희의 친구 안즈는 게임을 멈추게 하려고 시도하지만 소용이 없게 되고 안즈는 친구들을 구하기 위해 천년 퍼즐 속으로 들어간다. 천년의 퍼즐 안에 갇힌 본래의 유희는 박물관에서 보았던 예언("미래를 보는 눈이 있어 예정된 사건에 눈이 가려지지 않으면 그 환상이 이루어지리라. 그리하여 빛과 어둠이 함께 사라지리라")을 기억해 내고 신비한 운명의 단검으로 천 년의 눈을 깨뜨린다. 결과 아누비스와 빛의 피라미드의 힘이 약화되고 어둠의 유희는 죽은 자의 소생이라는 카드를 이용하여 카이바의 푸른 눈의 백룡을 소환해 낸다. 그러나 아누비스는 스핑크스 시니언이라는 강력한 마수를 소환해 내고 이를 극복하기 위해서 어둠의 유희는 반대편의 카드를 이용해 이집트 삼환신의 카드를 소환해 낸다.

이 게임의 세계관은 처음부터 끝까지 모두 이집트 신화에 근거하고 있다. 여기서 나오는 아누비스와 오시리스라는 이름은 이집트 신화에 대표적인 신의 이름이라고 할 수 있다. 천년 퍼즐의 눈 역시 이집트 신화에서 유명한 오시리스와 이시스의 아들 호루스의 눈이라고 볼 수 있다. 오시리스는 다산과 풍요, 사후세계의 삶과 부활 등을 의미하는 신이다. 동생 세트의 꾀에 속아서 관에 갇힌 채 죽게 되지만 부인이자 누이인 이시스의 노력으로 다시 부활한다. 그러나 오시리스는 지상의 왕을 거부하고 명계의 왕이 된 인물이다. 그런데 오시리스의 천공룡은 동서양의 신화를 혼합시킨 것이라 할 수 있다. 서양에서 용은 주로 죽음이나 죄악으로 퇴치되어야 하는 대상인데 오시리스라는 부활신의 의미에 동양의 영물인 용의 혼합은

■ 호루스의 눈 : 오시리스와 이시스의 아들 호루스, 삼촌 세트에게 복수를 갚는다. 불사의 상징이며 건강의 상징이다.

애니메이션의 제작자가 일본인이기 때문일 것이다. 유희의 또 하나의 이집트 카드인 오벨리스크 거신병의 상상력은 고대 이집트의 오벨리스크에서 찾아볼 수 있다. 오벨리스크는 태양신 라에 대한 경배를 나타내는 기념비의 의미를 가져온 카드라고 할 수 있으며 라의 익신룡의 라는 이집트의 태양신이며 태양 원반을 머리에 맨 인간의 모습이다. 라의 익신룡 역시 오시리스의 천공룡과 함께 동양적 사유가 들어간 카드라고 할 수 있다. 천 년 퍼즐의 빛의 피라미드에 새겨진 천 년의 눈은 호루스의 눈이라고 볼 수 있는데 아버지 오시리스의 원수인 삼촌 세트와 싸우다 호루스는 한쪽 눈을 잃게 된다. 싸움에서 승리하면서 눈을 되찾게 되고 이집트에서는 불사의 상징으로 여겨지고 있으며 매의 머리를 한 인물로 등장하곤 한다. 이시스는 오시리스가 세트에게 당하자 혼자 사막에서 호루스를 낳고 키웠기 때문에 호루스는 병약했었다. 하지만 커감에 따라서 호루스는

점점 강해지게 되었고 건강의 상징이 되기에 이른다. 따라서 호루스의 눈은 건강과 부활의 상징이자 부적이 되었다. 〈유희왕〉에서 천 년 퍼즐 안에 갇힌 본래의 유희는 이 눈을 깨뜨리게 되고 아누비스의 생명력은 결국 약해지게 된다.

〈유희왕〉은 고대 이집트 신화와 이집트인들의 영혼불멸 사상을 잘 보여주고 있다. 그런데 신화 속에 아누비스의 모습은 상당히 다르게 나타나고 있다. 이집트 신화의 아누비스는 재칼의 머리를 지닌 신으로 고대 이집트에서는 태양신 라의 넷째 아들로 표현되다가 후대에 와서는 오시리스와 네프티스의 아들로 나온다. 동양의 개념으로 저승사자에 해당한다. 그는 죽은 자들을 오시리스의 법정으로 인도해주며 죽은 자의 심장을 저울에 달아서 이승의 삶과 행동을 판결하는 역할을 한다. 또한 아누비스는 죽음을 관장하고 미이라를 만드는 과정을 감독하게 되는데 실제로 이집트에서는 장례를 주관하는 사람이 아누비스의 머리를 하고 장례의식을 치렀다고 한다. 따라서 그는 공동묘지를 관장하는 수호신이기도 했으며 인간과 신의 중개자 역할을 했다. 그런데 〈유희왕〉의 아누비스는 이러한 신의 사제의 역할을 담당하지 않고 세계를 멸망하려는 어둠의 마법사로 등장하고 있다. 아마도 이것은 오시리스와 아누비스의 역할 때문에 인용된 상징일 것이다. 오시리스는 죽음의 세계에서 다시 부활했기 때문에 부활의 신으로 더욱 강한 의미를 지니고 있고 아누비스는 죽음의 세계로 사람을 인도해준다는 측면이 강조되어서 이러한 상상력으로 재현되었을 것이다. 아누비스를 무찌르고 싶은 소망은 죽음을 거부하고자 하는 욕망의 표현일 것이며 오시리스의 이집트 카드의 소환은 불멸과 재생의 욕망을 보여주는 것이라 할 수 있다.

〈유희왕〉 카드게임은 애니메이션의 인기에 힘입어서 어린이들의 게임문화에 강력한 영향력을 끼치고 있다. 일단 카드의 의미를 잘 따져 가면서 생존 점수를 잃거나 얻는 방식을 취하고 카드게임 사이에 함정카드와 마법카드의 사용은 게임의 흥미를 더해주고 있다. 서로 더 힘이 센 카드를 가지려고 한다는 면에서 아곤의 게임 속성을 지닌다면 어떤 카드가 나올지 전혀 모르기 때문에 게임은 알레아적인 운을 수반한다. 또한 카드의 상징물에 따라서 게임자의 자세가 바뀌는 미미크리라면 함정카드나 마법카드에 의한 혼란은 일종의 일링크스에 속하는 요소이다. 이 게임이 인기를 끄는 요인으로 놀이의 속성이 잘 배합되어 있고 신화적 상상력이 풍부하게 녹아 있기 때문에 게이머는 환상성과 놀이성에 몰두하게 된다.

2. 온라인 게임 세계의 원천으로서의 신화

요즘의 게임은 단순 역할게임(RPG)에서 한발 더 나아가 다사용자 온라인 롤플레잉게임(MMORPG-Massively Multi-

Player Online Role Playing Game)이 인기를 더 많이 끌고 있다. 〈리니지〉, 〈바람의 나라〉, 〈뮤〉, 〈라그나로크〉, 〈울티마 온라인〉 등 많은 게임이 그러한 양식을 가진다. 이러한 게임의 특징은 텍스트의 시작과 끝이 존재하지 않을뿐더러 플레이어가 접속할 때마다 게임의 상황이 바뀌는 등 텍스트 자체가 플레이어와 관계없이 시간의 흐름과 규칙에 의거한다. 따라서 이 장르는 수용자들의 다양한 선택과 기대들이 게임을 결정하는 중심 요인이라고 할 수 있다. MMORPG의 게이머는 수동적 존재가 아니라 매체를 활용하고 영상을 변화시키고 이야기를 끊임없이 가공하는 보다 적극적인 행위자들인 것이다. 그런 의미에서 MMORPG게임은 어떤 다른 장르의 게임 장르보다 현실 세계와 유사하다. 현실은 아니지만 현실만큼 혹은 현실보다 더 사실적인 세계가 다사용자 온라인 게임의 세계인 것이다(전경란, 2005:6).

이러한 MMORPG 게임에 대해서 새로운 의미 규정도 가능하다. 게임이 소설과 영화의 서사 진행과 다른 가장 큰 차이점은 서사가 가변적인 속성을 가진다는 것이다. 이러한 근거로 게임스토리 층위를 게임의 정해진 스토리로서 시나리오 격인 기반적 스토리, 새롭게 만들어지는 에피소드격인 이상적 스토리, 예측할 수 없는 우발적 스토리로 나누어 서사와 변별되는 게임만의 특징으로 이상적 스토리와 우발적 스토리를 논의할 수 있다. 게임 〈리니지〉의 '리니지 월드'가 끝나지 않는 것은 우발적 스토리 층위 때문이라고 할 수 있다. 게이머는 게임 디자이너가 유도하는 기반적 스토리와 이상적 스토리를 넘어서 희로애락과 관혼상제를 경험하게 되는 우발적 스토리를 스스로 만들어간다(한혜원, 2005:42). 더 나아가 〈리니지2〉는 갈등의 공간구조라는 새로운 서사방식으로 기존의 게임서사의 한계를 뛰어넘는다. 이러한 온라인 게임이 많은 사람들에게 대안적 우주관과 인생의 숨겨진 의미까지도 드러내주는 역할을 기대할 수 있게 된다.(이인화, 2005)

게임은 아케이드 게임, 어드벤처 게임, 롤플레잉 게임, 시뮬레이션 게임 등으로 나눌 수 있다. 그러나 최근 북미 및 유럽 학계에서 게임을 학문으로 규명하는 문제를 두고 서사학(Narratology)과 게임학(Ludology)이 대립하고 있다. 스토리가 먼저인가 게임이 먼저인가의 열띤 논쟁은 아직까지는 스토리가 우위를 차지하는 것 같다. 라이언Marie Laure Ryan의 논문「신화와 은유를 넘어서 *Beyond Myth and Metaphor*」에 의하면 게임은 게임 내 플레이어의 위치에 따라서 내적 상호작용성과 외적 상호작용성으로 나뉘고 플레이어와 스토리의 영향관계에 의하여 탐험적 상호작용성과 존재론적 상호작용성으로 나뉜다. 신화성이 재현되고 있는 범주에 의해 게임을 본다고 할 때 이와 같은 분류는 유용한 방법론이 될 것이다. 왜냐하면 신화는 서사의 원형이기 때문이다. 신화의 서사성이 어떻게 게임에서 변별되어 가고 있는지 살펴보는 것이 게임의 신화성의 근간이 될 수 있기 때문이다(한혜원, 2005:22).

온라인 게임의 세계관은 그 자체가 신화라고 할 수 있을 만큼 신화적 요소의 차용이 두드러진다. 혼돈 속에서 질서를 구축하는 대명제를 확인하지 않더라도 온라인 게임의 세계에서는 불가능한 일은 존재하지 않는다. 인간의 상상이 재현할 수 있는 경계가 신화라면 그것을 가장 잘 보여주는 것이 게임의 세계일 것이다. 실제로 온라인 게임의 제목이나 주인공의 이름은 신화에서 차용한 것이 대부분이다. 특히 영웅신화적 요소인 모험담이 가장 많이 차용되고 있다. 조셉 켐벨이 지적하는 영웅의 과정인 일상세계의 출발에서 모험에의 소명, 소명에 대한 고뇌, 영웅을 도와주는 조력자 등장, 관문 통과, 적대자를 만나 영웅성 시험, 영웅의 여정의 핵심 당도, 최강의 적과 만남, 보물을 얻음, 집으로의 귀환, 불로불사의 양약을 가지고 귀환하는 구도를 보여주는 게임이 많다.

(1) 신들의 황혼 : 〈라그나로크〉

게임의 이름 〈라그나로크 Ragnarok〉는 북유럽 에다신화에 나오는 '신들의 황혼'이라는 뜻으로 신들에 의해서 일어난 마지막 전투를 말한다. 이 마지막 전투는 신들과 거인들 사이에 벌어지는 결전으로서 모든 생물들이 죽고 아홉 세상은 모두 바다 속으로 가라앉게 된다. 이명진의 판타지 만화 〈라그나로크〉가 게임의 원작이면서 시나리오 역할을 하고 있다. 애니메이션 〈라그나로크〉까지 제작되어 원소스 멀티유즈(One source multiuse)의 좋은 예가 되고 있다. 라그나로크 게임은 우리나라를 비롯하여 미국, 일본, 인도, 브라질 등 21개국의 게이머들이 즐기고 있는 대표적인 MMORPG 게임에 해당한다. 이 게임은 문화콘텐츠 수출 대상을 차지할 정도로 한국 게임의 명성을 보여주고 있는데 이러한 인기의 비결은 게임의 방식이 가장 중요하겠지만 놓칠 수 없는 것이 게임의 서사를 이루는 신화적 세계관이다. 이 게임은 제목부터가 북유럽신화의 라그나로크를 떠올리게 하며 그 안의 인물들 역시 모두 실제 신화의 주인공들과 밀접하게 연관되어 있다. 게임은 신들의 세계를 친숙한 캐릭터를 등장시켜 게이머들에게 가깝게 다가서도록 하고 있다. 게이머들은 각자의 캐릭터를 가꾸면서 레벨을 올리고 있으며 게이머는 캐릭터의 성장을 통해서 게임 안에서 살아가는 감정적 존재가 되는 것이다.

라그나로크의 주된 서사는 신, 인간 그리고 마족의 길고 긴 성전이다. 모두 상처를 입은 채 멸망의 위기에서 벗어나 이 세 개의 세계는 천 년의 거짓 평화인 휴전 상태를 맞이한다. 거짓 평화의 시간이 경과함에 따라 인간들은 잔혹하고 비참했던 과거 전쟁의 상처를 잊어가고 자신들의 문화 번성을 위해 이기심과 자만을 키워간다. 그런데 인간

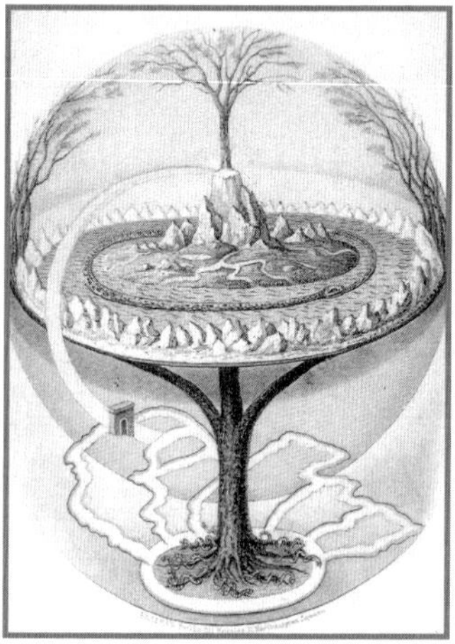

■ 이그드라실 나무 : 북유럽 신화의 세계관을 그려 주고 있다. 세계 창조 후에 주신 오딘이 살았다. 나무의 잔가지는 신들의 세계인 아스가르드이고 거대한 뿌리의 하나는 거인의 나라 니플헤임, 또 하나는 인간 세계인 미드가르드, 마지막 하나는 신들의 세계인 아스가르드로 뻗어 있다.

의 영역인 미드가르드가 여기저기에서 이상 징후를 나타낸다. 인간계와 신계 그리고 마계를 가로막고 있는 마벽에서 이상한 굉음이 울리고 야생 생물들의 습격과 잦은 해일과 지진 그리고 괴물들에 대한 전설이 퍼지면서 평화의 기운은 깨져간다. 인간들은 평화를 지탱하고 있었던 이미르 조각을 찾아 떠나기 시작하는데 평화를 찾는다는 본래의 목적과는 다르게 인간 자신들만의 이기적인 목적과 부를 찾아 나서는 이야기 구조이다.

라그나로크 게임 안에서 게이머는 현실 사회에서와 같은 제도를 갖추어야 한다. 가족 시스템, 결혼 시스템, 결혼 준비 과정, 이혼의 과정, 입양의 과정 등이 실제 생활을 반영해 주고 있다. 이러한 현실적인 제도는 게이머가 현실적으로 가져야 하는 관습적 규범을 동반한다. 현실의 결혼 생활에서 해야 하는 의무와 꾸준한 사랑을 해야만 결혼 생활이 원만해진다는 것, 결혼과 이혼에 있어서도 돈이 필요한 사회적 제도가 들어가 있다. 입양 시스템을 도입시키면 게임 내의 가족은 더욱 탄탄한 유대를 보여주게 된다. 또한 입양 가족 제도는 해체되지 않게 설정해 두어 가상공간과 현실공간이 상호 부합하도록 되어 있다.

게임에서는 길드를 조성해서 공성전을 벌이게 되어 있는데 공성이란 성을 함께 공격하는 것을 말한다. 공성은 사회적 구성원들에게 유대감을 강화시켜 주는데 이러한 단결의식은 줄다리기를 할 때 생기는 같은 팀에 대한 애착의 형태를 지닌다. 이는 위에서 제시한 까요와의 경쟁의 아곤 게임이면서 사회 시스템과 신화적 사유를 모방한 미미크리 즉 모방의 놀이에 해당한다. 이 게임의 신화적 세계관을 살펴보면서 그러한 신화적 사유가 게임의 세계에 어떤 영향을 끼쳤는지 살펴볼 수 있을 것이다.

게임 속 캐릭터들은 자신의 각각의 목적을 위해 세계 평화를 지탱하는 이미르의 조각을 찾아 나선다. 이는 에다신화에 나오는 신 이미르라는 거인을 죽여서 그의 시체로 세상이 만들었다는 상상력에서 비롯된다. 북유럽신화에 따르면 태초에 세상은 아무 것도 존재하지 않았다. 모래도 없고, 바다도 없고, 땅도 없었고, 하늘도 없고, 풀 한 포기 없었다. 그런데 북쪽의 얼음이 생기는 곳에서 이미르라는 거인이 생겨나게 되었고 남쪽의 열기로 녹은 얼음에서 거대한 암소가 자라게 되었다. 이미르는 그 소의 젖을 먹고 살았는데 이미르가 자는 동안 땀을 흘렸다. 왼쪽 겨드랑이 밑에서 남녀 한 쌍이 생겼고 양다리 사이에서 하나의 사내아이가 탄생했다. 이렇게 자손들이 늘어갔는데 이들의 마음은 독기로 가득 차 있었다. 어느 날 암소가 얼음을 핥고 있는데 부리라는 인간이 나왔고 그는 거인이 낳은 딸 베스타라와 결혼했다. 그들은 오딘, 빌리, 베의 세 형제를 낳았는데 이들이 거인 이미르를 죽였고 그 피가 홍수가 되어 살아있는 모두를 죽였다. 이미르의 피는 바다나 호수가 되고 살은 땅이 되었고 뼈는 여러 산이 되었다. 이빨과 뼈는 바위나 돌이 되었고 몸에서 나온 구더기들은 소인이 되었고 이미르의 두개골은 하늘이 되고 네 개의 뼈로 하늘을 받쳐 동서남북이라 칭하고 그의 뇌수는 구름이 되었다. 이미르의 머리카락에서 온갖 식물이 돋아났는데 물푸레나무와 느릅나무도 있었다. 오딘은 물푸레 나무로 아스크라는 남자를 만들고 느릅나무로는 엠블라라는 여자를 만들었다. 오딘은 자기가 만든 인간에게 생명과 영혼을 주었고 빌리는 인간에게 이성을 주고 베는 언어를 주었다. 하늘과 땅이 완성되자 거인들을 추방하고 한 가운데 아름다운 미드가르드를 만들어 인간들이 살 수 있게 해 주었다(비얼레인, 1996:74). 게임에서 이미르 조각들은 세계 평화를 지탱하고 있었던 조각인데 인간들은 저마다 다른 목적으로 이 이미르 조각을 찾기 위해 길을 떠난다.

서버 이름들도 에다신화 속 이름들을 많이 차용하고 있

다. 발두르는 신 오딘이 가장 사랑하는 아들 이름이고, 토르는 또한 오딘의 아들이며 망치를 들고 다니면서 번개를 관장한다. 토르가 머리가 두 개인 산양이 끄는 수레를 타고 지나가면 엄청나게 큰 소리가 울리고 바위가 불탔다. 오딘은 신들의 세계인 아스가르드의 최고의 신이며 로키는 라그나로크 즉 신들의 황혼을 일으키는 나쁜 신이다. 펜릴이란 이름은 로키의 자식 중의 하나인 펜리르에서 온 것으로 늑대에 해당한다. 로키는 오딘의 사랑하는 아들 발두르를 간흉한 계략으로 죽게 하고 신들의 황혼이라고 불리는 '라그나로크'를 일으킨 장본인이다. 로키는 세 아들이 있었는데 첫째가 늑대인 펜리르이고 둘째는 요르뭉간드르라는 큰 뱀으로 미드가르드를 둘러싸고 있었다. 셋째가 명계를 지배하는 헬이었다. 펜리르라고 하는 늑대 괴물은 신들의 땅인 아스가르드에서 자랐는데 이 늑대의 존재가 위협적으로 느껴진 신들은 늑대에게 족쇄를 채우려고 했다. 아무리 강한 올가미도 펜리르를 묶어둘 수 없게 되자 난쟁이들에게 마법의 사슬을 만들게 했다. 그 마법의 사슬은 산의 뿌리, 고양이 발소리, 새의 침, 곰의 근육, 물고기의 숨결, 여인의 수염 등으로 만들어진 족쇄였는데 이것만이 괴물 펜리르를 잡아놓을 수 있었다. 그러나 신들과 거인족들의 최후의 전쟁이 다가오자 태양과 달이 뒤를 쫓아오던 이리에게 먹히고 별들은 하늘에서 땅으로 떨어졌다. 지진이 일어나고 대지가 요동치자 로키와 그의 자식 펜리르가 속박에서 풀려났다. 로키는 거인족의 배를 조종해서 신들과 싸우고 오딘은 펜리르에게 먹히고 그의 아들 토르는 큰 뱀의 독에 쓰러지고 풍요의 신 프레이야는 불꽃의 거인 수르투르의 공격을 받고 쓰러진다. 또한 군신이며 사법신인 티르는 가름이라는 지옥의 개와 싸우다 쓰러지고 아스가르드와 미드가르드를 잇는 무지개 다리인 비프로스트 옆에 살면서 그 곳을 지키던 파수꾼 헤임달은 로키에게 쓰러진다. 결국 세계는 수르투르가 내뿜은 화염에 휩싸여 붕괴되고 만다 (요시다 아츠히코, 2000:170-171)

(2) 영웅의 왕국 찾기와 자아 찾기 : 〈리니지〉

〈리니지〉는 신일숙의 동일만화를 게임으로 재구성한 것이다. 아덴 왕국은 10세기 전후 유럽의 이미지를 따온 가상세계이다. 리니지의 세계는 왕과 영주의 기사가 영토로 계약을 맺은 봉건제도를 사회경제의 근간으로 한다. 버려진 왕자가 왕위와 왕국을 되찾기 위해 능력을 키워가는 게임이다. 플레이어(왕자)의 궁극적인 목표는 아덴 왕국 본토에서 압력을 가하고 있는 반왕(진정한 혈통에서 나온 왕이 아님)을 물리치고 정당한 자신의 권리인 왕권을 되찾는 게임이라고 할 수 있다. 반왕을 물리치기 위해 왕자는 중간에 요정, 혹은 마법사 등의 도움을 받아서 임무를 수행하면서 수많은 역경을 견뎌야 한다. 게임의 배경이 되는 아덴 왕국에는 오크나 골렘 등 인간을 위협하는 것들이 등장한다. 각 게이머들은 왕자나 공주가 될 수도 있고 기사나 엘프 그리고 마법사가 되어 왕자나 공주가 왕위를 찾아가는 것을 도와줄 수도 있다. 임무 수행 과정의 많은 난관을 극복하기 위해 목적이 같은 뜻을 가진 게이머들과 연합할 수 있다. 이러한 연합을 혈맹이라고 부른다. 혈맹은 MMORPG 게임인 리니지의 게이머 간에 적극적이고 능동적인 상호작용을 가능하게 하는 강화된 핵심 기능을 담당한다고 보인다. 혈맹을 이끌 수 있는 캐릭터는 군주에 한정된다. 게임의 세계는 버려진 왕자가 왕국을 찾아가는 신화적 세계를 보여주며 동시에 혈맹이라는 인간의 세계에서 보이는 단결 원리를 적절히 잘 배합하고 있다. 〈리니지〉의 구조는 우리 신화 〈바리공주〉의 서사 구조를 보여주고 있다. 〈바리공주〉 신화의 첫 부분은 바리공주가 태어나서 버림을 받은 것이며, 둘째는 부모의 병을 고칠 약을 찾으러 가는 것이고, 세 번째는 약을 가지고 돌아와 부모를 구하는 것이다. 이러한 구조가 〈리니지〉게임에서도 드러나고 있다. 버려진 왕자가 고난을 겪는 부분이 첫 부분이며, 왕국을 찾기 위해 능력을 키우고 혈맹을 만드는 것이 둘째 부분이고, 왕국과 어머니를 되찾는 것이 세 번째에 해당한다(임병희, 국제어문 24권, 2001).

〈리니지〉의 게임서사는 끝나지 않는다는 데 인기의 비결이 있다. '영원히 완성되지 않는' 게임이라는 이야기인데

리니지의 궁극적인 목적은 반왕을 물리치고 자신의 권리 즉 왕권을 찾는 일이지만 다른 플레이어들이 혈맹에 임해서 일시적으로 왕권을 차지했다고 해도 나머지 게이머들에게 그들은 또 다시 반왕이 되는 것이다. 왕이 된 자만이 아덴 왕국을 좌우할 힘이 있으며 지방영주를 임명하고 전쟁을 벌이는 것 등을 결정하는 역할을 한다. 선택할 수 있는 인물로는 군주, 엘프, 다크엘프, 기사, 마법사인데, 각각 자신들의 독특한 특성과 능력치를 가지고 있다. 군주는 자신의 왕국을 되찾기 위해 정체를 숨기고 동료들을 모은다. 기사보다는 검술 능력이 떨어지고 마법사보다는 마법에 익숙하지 못하지만 그 누구도 가지지 못하는 지도력을 가진다. 엘프는 인간보다 긴 수명을 가지고 아름다운 외모를 갖는다. 아덴 왕국 중서부 요정의 숲에 거점을 마련하여 자연에 순응하면서 조화를 추구한다. 숲과 요정의 어머니 나무 아래에서 가디언들의 보호를 받으며 자신들만의 독자적인 문화를 만든다. 자연을 사랑하는 그들의 숲에 인간이 들어갈 수 없지만 세상을 창조한 선한 신 아인하사드의 뜻에 따라 인간과 관계를 가진다. 다크엘프는 인간들과 전쟁에서 밀려난 엘프들 중 자신들의 창조주인 아인하사드에 반하는 파괴의 신 그랑카인을 섬기는 엘프족들이다. 파괴의 신의 색깔에 따라 온몸이 검게 물들어졌다. 기사는 타고난 각고의 노력으로 최고의 무력과 그에 상응하는 품격을 손에 넣은 사람이다. 기사는 영주와 계약을 맺고 그의 휘하에서 일하며 봉토나 봉록을 받는 것이 일반적이다. 자신의 능력을 극한까지 끌어올리는 노력을 하며 동시에 자신이 섬길만한 군주를 찾아낸다. 마법사는 세상의 신비한 현상을 체계적으로 다루어 현실로 이루어 내는 위대한 자인데 이들을 일컬어 '현명한 자'라고 부른다. 마법사는 육체적으로는 전투 능력이 약하지만 여러 가지 마법을 사용할 수 있다. 마법사는 마나의 힘을 이용해서 마치 신과도 같은 위대한 힘을 이끌어 낸다. 그들이 쓰는 힘은 세상을 멸망시킬 정도로 위험하기까지 하다.

〈리니지〉의 게임 방법은 게이머가 이 다섯 가지의 캐릭터 중 한 가지를 선택해서 왕국을 찾는 모험에 가담하는 형식을 취한다. 자세한 게임 방법은 논의상 지나치게 확장되므로 여기에서는 게임의 세계관으로서 신화의 역할에 집중하기로 한다. 게임의 주요 이야기 흐름은 버려진 왕자나 공주가 왕위와 왕국을 찾는 영웅신화의 면모를 가진다. 영웅신화 부분에서도 논의되었듯이 영웅은 험난한 여정을 가도록 운명지어진 사람들이다. 험난한 곳에 버려진 영웅 옆에는 반드시 중요한 원조자가 등장한다. 그들은 마법사, 요정, 은자, 목동, 대장장이 등으로 주로 선한 조력자 역할을 담당한다. 물론 그들을 도와 주는 원조자들이 반드시 선한 의도를 가지지는 않는다. 지크프리트 신화에서 보듯이 지그프리트를 키웠던 난장이는 반지를 빼앗아서 세상을 지배하려는 사악한 의도를 가졌었다. 영웅은 과업을 이루기 위해 수많은 난관을 극복해야 하는 운명을 가진다. 마찬가지로 〈리니지〉 세계에 나타난 기본 신화적 구도는 캠벨이 제시한 영웅신화의 시련 구도를 잘 구현시키고 있음을 알 수 있다.

VII.

신화 뒤틀기와 의미의 미끄러짐

신화는 그 의미에 있어서 고정된 일반성을 형성할 가능성이 있다. 이러한 고정된 신화에 변형을 주고자 하는 노력이 시도되고 있는데 동화, 애니메이션, 영화, 게임 등에서 자주 보여지고 있다. 여기에서는 신화적 의미가 뒤틀려서 새로운 의미 창출을 모색하는 작품들을 비판적 관점으로 살펴볼 것이다. 대표적인 예로 동화 『종이 봉지 공주 *Paperbag Princess*』와 『꿈을 먹는 요정』은 왕자와 공주 그리고 요정의 고정관념을 깨고 있는 동화책이며, 『늑대가 말하는 아기 돼지 삼형제 이야기 *The true story of the 3 little pigs*』는 지금까지 알고 있었던 선과 악의 개념을 한 번 뒤틀어서 읽는 독자에게 즐거움을 주고 있다. 영화에 있어서 신화의 비틀기는 〈친절한 금자씨〉의 성처녀 의미의 비틀기를 들 수 있다. 신화 속의 성처녀는 위대한 영웅의 탄생을 위해서 존재했고 그러한 성처녀는 남성의 질서

구축을 위해 이용되어 왔다. 그러한 과정에서 남성은 표면에 드러나지 않고 질서의 일부로만 작용했다. 그런데 〈친절한 금자씨〉의 남성은 자신의 추악한 죄를 덮어버리기 위해 처녀 임신을 한 금자를 이용하는 것이다. 이 때 처녀의 출산은 악의 첫 단추가 되고 있는데 이 부분부터가 신화 속의 여성과는 다른 점이다. 그리고 이 처녀 〈친절한 금자씨〉는 신화의 여성과 같이 그림자처럼 숨어있지도 않으며 오히려 자신의 억울함을 직접 해결하려는 적극성을 가진다. 게임에서 보이는 신화 비틀기는 주로 신화 인물의 변형을 들 수 있다. 〈라그나로크〉의 경우 게임 캐릭터들이 매우 귀여운 모습으로 그려지고 있다. 이것은 신화에 익숙하지 않은 어린이들이 주로 게임의 향유자이기 때문에 만들어진 것이라 생각한다. 삼등신의 귀여운 인물은 인간과는 거리가 먼 신성한 존재였던 신의 모습을 매우 유아적인 세계로 전락시켜 신들의 숭고함을 강등시키는 효과를 가진다. 만화 〈라그나로크〉와 애니메이션 〈라그나로크〉의 스토리는 신들의 세계를 뒤틀면서 그 의미는 새롭게 재편되고 있다. 따라서 주인공들의 이름만 같을 뿐 그 역할은 상당히 다르게 나타난다.

〈슈렉2 *Shrek 2*〉와 〈프린스 앤 프린세스 P*rince & Princess*〉 역시 기존의 신화적 구조를 깨고 있는 애니메이션이다. 슈렉의 피오나 공주는 성의 옥탑에서 왕자를 기다리는 동안 관람객에게 아름다운 공주를 자연스럽게 상상하거나 기대하도록 유도하고 있다. 그러나 착하고 용감하기만 할 거라는 왕자에 대한 기대는 뚱뚱하고 못생긴 슈렉의 외모에 여지없이 깨지고 만다. 〈프린스 앤 프린세스〉 역시 왕자와 공주, 여왕의 역할이 지금까지 독서로 길러진 독자의 낯익은 습성에 질타를 가하고 있다.

동화를 뒤틀고 애니메이션의 구조를 전복시켜서 얻고자 하는 것은 문학의 낯설게 하기의 또 다른 형태인데 페리노들먼은 이러한 전복된 구조를 읽는 독서법으로 세마타 독서법(페리노들먼, 2001:95-99)을 주장한다. 그가 말하는 세마타의 독서 기법은 읽기 뿐 아니라 듣기, 느끼기, 보기 등을 되풀이해서 일어나는 숙련된 활동이라고 말하고 있다. 그것들은 모두 이전에 존재했던 구조에 의존하는데 바로 그 구조가 세마타라고 말한다. 세마타는 미래의 독서에 대한 예상을 가능하게 하기 때문에 과거는 세마타를 통해 미래에 영향을 끼친다는 것이다. 즉 과거의 축적된 독서가 있을 때에만 이러한 전복된 이야기 구조가 훨씬 효과적으로 해독되어 독자에게 유쾌함을 전해 줄 수 있다는 것이다. 이러한 뒤틀린 이야기 속에서 통쾌한 웃음을 찾을 수 있는 독자가 되려면 그 전에 쌓여진 선지식들이 존재해야만 하는 것이다. 그러나 세마타가 형성된 독자는 변형된 신화의 의미를 보다 구조적인 서사구조로 파악할 수 있는데 기존 서사의 반복구조에 익숙해 있기 때문이다.(Miler, 1982:2) 즉 독자는 모든 이야기가 반복 요소들로 복잡하게 얽혀 있다는 것을 알고 있는데 전복된 신화성을 가지는 이러한 서사구조는 그 반복구조의 고리를 유쾌하게 잘라 줌으로써 지금까지의 고루한 이야기 고리의 연쇄망을 극복하고 있는 것이다. 급기야 왕자의 모습은 점점 변형되어지면서 공주를 구조하는 특별한 존재가 되지 않은 작품까지 등장했다. 〈겨울왕국 Frozen, 2013〉은 월트 디즈니가 안데르센 동화 〈눈의 여왕〉을 다시 현대적으로 해석한 이야기이다. 마법의 힘을 가지고 태어난 여왕과 용감한 여동생이 주인공으로 구성된 이야기인데, 더 이상 왕자의 키스나 사랑이 문제해결의 중요한 열쇠가 아니라는 점이 눈에 띈다. 언니 엘사와 동생 안나가 펼치는 색다른 여성성을 찾아가는 이니시에이션 스토리이다.

최초의 신화에서 여신은 세상을 창조하는 모태로서 그 역할이 매우 중요했었지만 점점 여신의 역할은 축소되어 왔다. 그리스의 가이아신화에서 보듯 세상은 여신 가이아의 주도적인 역할에 의해 창조되었고 모든 신들은 가이아에 의해서 탄생되었다. 중국의 여와는 지푸라기로 인간을 창조하던 대지모신이었는데 후에 복희의 여동생이자 부인으로 그 역할이 축소된다. 점차적으로 신화 속의 여성은 가정(헤라)을 지키고, 질투(헤라)와 호기심(판도라) 등으로 불화를 일으키고 또 순결(아테나)해야 하는 인물로 등장한다. 또한 사랑(아프로디테)에 모든 것을 거는 매우 무모한 인물로 그려진다. 여신은 아름다운 것은 물론이거니와 아름다운 마음까지 요구되는데 그 아름다움의 상당의 의미가 순종적이라는 것이다. 이러한 신화들은 김화경의 지적처럼 남성들이 편의에 알맞게 여성신화를 변경시키고 왜곡시켰을 가능성이 농후하다(김화경, 2003).

『종이 봉지 공주』는 남성적 관점에 의해 그려진 여성신의 모습에 이의를 제기한다. 신화 속에서 여신들이 자신이 좋아하는 남성을 선택하는 경우는 거의 없다. 신화의 여자들은 운명에 저항하지 않고 아름답지만 매우 순종적인 속성을 지니고 있는 것이다. 그리고 그리스신화의 여성들은 가부장적 사회에 미덕이나 가치에 부합되고 사회적으로 교훈을 주는 경우에야 비로소 칭찬과 경배의 대상이 되었다(장영란, 2001:49). 그런데 『종이 봉지 공주』의 여성상은 신화에서 제시되고 있는 여성관과는 무척 다르다. 신화에서는 여성을 악의 근원(판도라)으로 폄하하면서도 정반대로 처녀성(아테나)을 숭상하는 이율배반적인 남성 이데올로기를 보여주고 있다는 김화경의 지적을 염두에 둘 때 『종이 봉지 공주』의 여성은 악을 퇴치시키고 자신의 길을 개척하는 매우 신화 전복적인 인물이라고 할 수 있다. 지금까지의 공주와 왕자 동화의 기본구조는 공주가 악당에게 잡혀가는 구조를 취하고 있으며 왕자는 칼과 용맹함을 무기로 악당을 물리치고 공주를 근사하게 구하게 된다. 결국 공주는 왕자에게 고마워하며 왕자와 결혼하는 구조를 가진다. 그런데 『종이 봉지 공주』에서는 나쁜 용에게 잡혀간 대상은 공주가 아닌 왕자라는 점이다. 이러한 상황에서 공주는 좌절하지 않고 용을 뒤쫓아 가는 용맹함을 떨치고 있으며 심지어 공주의 상징인 아름다운 옷이 타버린 것에도 전혀 슬퍼하지 않고 거리의 종이 봉지라도 과감히 걸치고 왕자를 찾기에 조금도 망설임이 없다. 기존 구조의 왕자가 칼로 용을 물리쳤다면 종이 봉지 공주는 지혜로 용을 무찌르고 있다. 용의 자존심을 최대한 이용해서 용의 무기가 되고 있는 불과 힘을 모조리 탕진시키고 기지를 발휘해서 용을 죽이는 것 대신 자게 한다. 이 점은 나카자와 신이치가 주장한 신화의 대칭성(나카자와 신이치, 2003)을 존중한 신화적 사고라고 할 수 있는데 자연을 정복해서 파괴시키는 것이 아니라 자연의 대칭적인 구조를 존중해서 인간의 역할을 그 대칭적인 지점에서 올바르게 수행한다는 것이다. 지금까지의 왕자의 공주 구원담은 인간과 자연의 대칭구도를 파괴하고 남성 혹은 지배구조를 정당화시키는 야만의 상태를 강화시켰다고 볼 수 있다. 공주는 지혜로움을 무기로 용을 성공적으로 무찌르고 동굴에 갇힌 왕자에게 가지만 왕자의 태도는 종이 봉지 공주에게 진짜 공주처럼 입고 오라는 식의 무례한 태도를 보인다. 이때 왕자는 공주의 역할 모델을 원하고 있었고 공주는 이러한 상황의 부당함과 모순을 왕자에게 지적해 준다. 진정한 왕자란 겉만 번지르르한 빈 껍데기의 화려한 옷이 아니라는 것을 당당하게 말하고 공주 자신의 갈 길을 간다. 이 동화는 지금까지 상투적인 "왕자와 공주는 오래오래 살았다"는 식의 결말에 종지부를 찍는다. 이러한 동화의 흐름은 『내 멋대로 공주』라는 동화에도 그대로 드러나고 있다.

신화에 나오는 대표적인 요정은 오르페우스의 아내 에우리디케, 영웅 아킬레우스의 어머니인 테티스, 나르시소스를 사랑한 요정 에코 등을 들 수 있다. 또한 『반지의 제왕』 중간계 요정나라의 아름다운 요정과 『엄지공주』의 자그마한 요정을 생각할 수 있다. 요정은 꿀이나 올리브와 우유만 먹고 산다. 이러한 요정의 이미지는 지금까지의 독서에 의해 형성된 세마타라고 할 수 있다. 우리는 이러한 세마타의 개념을 가지고 『꿈을 먹는 요정』을 접하게 된다면 그 속의 끔찍한 요정의 모습은 가히 충격적이라고 할 수 있다.

『꿈을 먹는 요정』의 '단잠 나라'라는 곳에서 왕은 가장 잠을 잘 자는 사람이 맡는다. 그런데 이 곳의 '단꿈공주'는 잠이 오지 않는 병에 걸린다. 그 병의 원인은 악몽이라고 말한다. 이 악몽을 퇴치하기 위해 왕은 여기저기 수소문을 해보지만 소용이 없게 되자 직접 해결책을 찾기 위해 여행을 떠난다. 길을 잃은 왕은 "머리는 온통 가시로 뒤덮여 있고 엉겅퀴나 고슴도치처럼 생긴 머리와 얼굴엔 수없이 많은 주름을 하고 있는 모습과 입은 굶주린 새의 부리처럼 생기고 몸은 발가벗은 뼈다귀같은 모습"의 요정을 만난다. 이러한 요정은 지금까지의 긴 머리에 멋진 드레스를 입고 아름다운 모습을 지니고 있던 요정과는 절대적으로 다르다고 볼 수 있다. 이 요정의 음식은 더욱더 가공할 만하다. "누가 나를 식사에 초대해 주지 않으면 내 몸뚱이라도 꿀꺽 삼켜 버리는 수밖에"라고 노래를 부르는 요정 세계 음식은 악몽이다. 이 요정은 아이들을 괴롭히는 악몽을 먹어 치우는 일을 하는데 이것이 아이들에게 좋은 역할을 한다는 측면에서 기존의 요정들과 그 역할은 동일하다고 할 수 있다. 요정의 모습이 지금까지와는 정반대이지만 아이들에게 있어 『꿈을 먹는 요정』의 요정은 그 이상한 외모 때문에 더욱더 친근하게 느껴질 수 있다.

『아기돼지 삼형제』는 매우 오래된 어린이 고전이라고 할 수 있다. 주로 선과 악의 개념으로 살펴볼 때 늑대라는 동물의 나쁜 점이 부각되는 동화이다. 늑대는 동화 속 나쁜 역할을 담당한 오래된 주인공이다. 『빨간 모자』의 늑대는 할머니를 잡아먹는 악역을 담당한다. 동화의 비틀기는 신화의 비틀기를 이해해야만 해석이 가능하다. 선과 악의 개념을 가져올 때 늑대가 항상 악의 이미지를 가질 수밖에 없었던 근원적인 상상력을 살펴보는 것으로 신화의 원형을 추적해 가보는 것이 전복된 신화의 의미를 살피는 선결 과제가 된다. 늑대의 신화는 동서양의 신화 속에서 광범위하게 등장하고 있다. 늑대인간에 대한 현대인의 상상력은 최근의 영화 〈언더월드 Underworld〉와 〈반헬싱 Van helsing〉으로 이어진다. 현대를 사는 사람들에게 늑대는 더 이상 공포의 대상이 될 수 없을 뿐더러 기껏해야 동물원 사육장 안에서 초라한 야성미를 나타내는 늑대를 볼 뿐이다. 그렇다면 늑대인간과 뱀파이어 종족 간의 싸움을 그리는 〈언더월드〉와 지상의 모든 악을 소탕하라는 운명과 함께 살인자 누명을 쓴 신의 사제 반헬싱이 드라큘라의 무서운 음모(전설적인 늑대인간과 프랑켄슈타인의 막강한 힘을 이용해 부활)를 저지하는 영화 〈반헬싱〉은 현대에 와서 왜 제작되고 있는지 생각해보지 않을 수 없다. 늑대인간을 둘러싼 공포이야기들은 인간의 아이덴티티의 붕괴에 대한 공포를 보여준다(나카자와 신이치, 2003:90)는 지적은 탁견으로 보인다. 아마도 선과 악의 끊임없는 대립이 바로 이러한 영화를 만들게 하는 기의일 것이며 그러한 기의를 나타내는 기표로서 영화는 의미를 가진다. 그렇다면 늑대에 담겨진 기의는 왜 이렇게 부정적인 것일까. 북유럽의 신화에 나오는 로키의 자식인 펜리르의 신화가 그것을 풀어 주는 해석 코드가 될 것이다.

『늑대가 들려 주는 아기돼지 삼형제 이야기』에서 늑대는 자기에 대한 오래되고 부당한 대우에 매우 불만을 강하게 드러낸다. 원문에서 이야기의 화자는 늑대도 아니고 돼지도 아닌 삼인칭 구성을 띠고 있지만 위 동화의 화자는 늑대의 목소리인 것이다. 원문 『아기돼지 삼형제』에서는 늑대에 대한 부정적인 어구가 직접적으로 드러나고 실질적으로는 돼지의 입장을 항변해 준다. 하지만 변형된 책에서 늑대는 단호하게 우리가 알고 있는 것은 사실이 아니라고 말하고 있다. 여기에서 나오는 돼지는 더 이상 힘없는 돼지가 아니며 부탁만 하러온 것뿐인 늑대에게 “꺼져버려”라고 무례하게 말을 하는 심술꾸러기인 것이다. 집을 무너뜨린 것도 돼지를 잡아먹으려고 했던 것이 아니라 실수로 그만 재채기를 했는데 바보 같은 돼지들이 집을 너무 약하게 지어 놓았기 때문이라는 것이다. 그래서 자기의 재채기에 집이 무너지고 돼지가 죽어있었지, 자기가 죽인 것이 아니라는 것이며 차마 음식이 있는데 상할까봐 배가 부른데도 그냥 지나칠 수 없었다는 것이다. 독서의 세마타가 많이 형성되지 않은 독자에게는 늑대는 크게 부정적으로 여겨지지 않는다.

『슈렉』은 윌리엄 스타이그의 작품인데 괴물 주인공의 못생긴 공주 구하기 모험담이라 할 수 있다. 이 작품은 포스트모더니즘의 정수로 읽혀지고 있는데 타자들의 목소리를 들려 주기 때문이다. 이 작품은 지금까지 정돈된 동화 속의 상상력을 뒤흔들고 있다. 예를 들면 동화 속의 주인공은 주변의 것들에게 늘 사랑을 받게 되어 있는데 『슈렉』에서 주인공 슈렉은 나무와 꽃, 작은 동물들, 번개와 천둥, 무서운 용에 이르기까지 모두 외면당하고 있다. 슈렉은 무서운 경고문이나 용 따위는 무서워하지 않는다. 오히려 슈렉은 이렇게 특별한 자신의 추함이 늘 자랑스럽다. 다만 슈렉이 가장 두려워하고 기분 나쁘게 생각하는 것은 아이들의 모습이다. 슈렉이 예언에 의해 당나귀를 만나서 성문을 지키는 겁 없는 갑옷 기사를 무찌르고 드디어 공주에게 당도하는데 공주는 소름끼칠 정도로 못생긴 것이다. 이러한 공주의 모습에 슈렉은 홀딱 반하게 되고 둘은 불과 연기처럼 하나가 되어 결혼하고 영원히 무시무시하게 살았다는 이야기이다. 슈렉은 동화 바깥의 시선으로 읽을 수 있는데 이때 슈렉은 동화 안의 선량한 주인공이 아니라 단순하면서도 이기적인 동화 바깥 세상의 주인공인 것이다. 신화와 동화가 한 뿌리에서 나온 이야기임을 상기할 때 신화성이 강한 영웅주의나 일반적인 모습과는 완전히 다른 세속적인 탈신화성과 미추의 전복된 기능이 동화 바깥의 이야기를 전해 주고 있는 재미난 동화임을 알 수 있다.

〈슈렉2〉는 〈슈렉〉에 이어서 또 한번 의미를 전복시키는 애니메이션이었고 지금까지의 동화를 다시 한번 뒤집는 애니메이션이라고 할 수 있다. 슈렉의 전복된 신화성을 개괄적으로 살펴보면 예쁘지 않은 공주로 변신한 피오나, 못생기고 징그러운 슈렉을 사랑하는 피오나, 원래 개구리였던 공주의 권위적인 아빠, 잘생겼지만 간흉한 마녀의 아들인 차밍왕자, 동화에서 가장 영리하게 등장했던 '장화 신은 고양이'의 무능한 기사의 썰렁한 코미디 등을 들 수 있을 것이다.

동화는 신화에 기원을 두고 있다고 말할 수 있는데 그때 공주는 아름다운 여자로 묘사되곤 한다. 백설공주, 신델렐라, 잠자는 숲 속의 공주, 인어공주, 엄지공주 등 공주들 옆에는 늘 멋진 왕자님이 있어야 한다. 『슈렉』에서 우리는 못생긴 피오나 공주의 모습에 약간 실망을 하고 마법에 걸렸다는 것에 위안 삼으며 키스와 함께 화려한 모습으로 변신할 거라고 기대한다. 그런데 우리의 예상과는 너무나 다르게 너무도 뚱뚱하고 못생긴 피오나 공주를 만나게 된다. 공주에게 그동안 보냈던 일종의 경외심을 더 이상 느끼지 않아도 된다. 피오나 공주의 행동 양식 또한 공주의 그것과는 전혀 다르다. 슈렉의 모습도 역시 기대와는 다르다. 징그럽지만 친근한 모습은 지금까지 영웅주의적인 왕자의 모습과는 다른 신선한 느낌을 안겨 주게 된다.

공주의 아버지 왕은 시종일관 권위 있게 등장하는데 결말에 가서는 개구리로 변한다. 이 개구리의 모습에 왕비는 두려워하지 않고 오히려 따스한 시선을 보여 준다. 여기에서 공주를 구하기로 했던 챠밍왕자의 모습은 지금까지의 멋진 왕자와는 다르게 비열하다. 온갖 거짓으로 피오나에게 접근해보지만 피오나의 마음을 얻지 못한다. 이는 멋진 왕자가 늘 공주의 마음을 얻었던 것과는 상당한 거리를 가진다. 우리에게 익숙한 '장화 신은 고양이'는 영리하고 민첩해서 가난한 주인을 큰 성을 가진 부자로 만들고 공주와 결혼까지 시킨다. 그런데 영화 〈슈렉〉에 등장하는 고양이는 오히려 사고만 치고 다닌다. 지금까지의 신화에 등장하는 왕자와 공주, 왕과 왕비, 고양이의 모습이 전복되어 나타나고 있다. 이는 지금까지의 고정관념을 한번 뒤집어 새로운 관점에서 생각하게 해주는 기능을 한다고 볼 수 있다.

〈프린스 앤 프린세스〉는 고정된 왕자와 공주의 역할을 뒤집고 있다. 고정적인 이미지의 아름다운 공주와 잘생긴 왕자는 신화나 동화의 세계를 현실과 더 멀어지게 하는 기능을 한다. 그러나 이 작품은 세상을 사는 모든 사람 즉 보잘 것 없는 사람이거나 마녀이거나 공주이거나 사랑을 하면 누구나 공주와 왕자가 될 수 있다는 이야기이다. 여섯 가지의 이야기는 모두 누구나 공주이고 왕자가 될 수 있음을 피력하고 있다. 마지막 이야기에서 왕자와 공주는 키스에 의해 계속 모습이 바뀐다. 두꺼비, 애벌레, 나비, 사마귀, 물고기, 기린, 코끼리 등등 수없이 변화하다 마지막에는 공주는 왕자로 왕자는 공주로 변하고 서로의 입장에서 살아보기로 한다. 결국 왕자는 공주로 변한 자기의 모습에 무척 불만을 드러내지만 공주는 이러한 전복된 상황을 긍정적으로 받아들이자고 제안한다. 동화와 애니메이션에서 나타나는 신화적 의미의 변형은 우리 시대의 고정된 사고를 깨뜨리는 데 일조할 수 있으며 신화를 바라보는 관점을 다양화 할 수 있을 것이다.

VIII.

맺음말

문화의 원형으로 작용하는 신화적 상상력을 읽는 과정은 현재 우리가 선 자리의 신화적 위치를 확인하는 과정이다. 신화가 사실이냐 허구이냐를 논하는 장이 아니라 진실의 여부를 논하는 장이다. 물론 신화는 사실이 아니라 진실일 뿐이다. 따라서 동시대를 사는 현대인에게 현대 문화에 나타난 신화는 우리 시대의 꿈과 진실에 다름 아니다. 동화, 애니메이션을 통해 구현되는 신화적 사유의 끝자락엔 문명화로 점점 잃어가는 인간의 순수성을 지키고자 하는 신화적 사유가 자리잡고 있으며 자연의 비대칭성을 대칭성으로 바꾸고자 하는 욕망이 표출된 것이라고 할 수 있다. 사람들은 이러한 신화적 사유를 통해 우리 시대에 살아가야 할 신화적 규범을 배우는 것이 아닐까. 신화적 규범이란 선과 악의 대립에서 반드시 선이 승리하고 진실은 감추어지지 않는다는 단순하지만 매우 중요한 개념일 것이다. 따라서 도덕적 인간과 윤리적 인간의 형성이 가능해질 것이다.

클라우스 슈밥은 제 4차 산업혁명에 대해서 이야기하면서 변화하고 있는 다양한 문화 현상을 이야기하고 있다(클라우스 슈밥, 2016). 그가 사용하고 있는 용어들 중 유비쿼터스(Ubiquitous), 인공지능(Artificial intelligence), 모바일 슈퍼 컴퓨팅(mobile supercomputing), 자율주행자동차, 유전공학(Genetic editing), 뇌과학 등 다양한 영역들이 미래에는 서로 넘나들면서 경계 없이 영향을 주고 받는 초연결사회(hyper-connected society)를 맞이할 것이다. 슈밥에 의하면 이러한 미래 세계에 대처하기 위해서는 네 가지 능력이 갖추어져야 한다고 말한다. 상황 맥락 지능(contextual intelligence), 정서 지능(emotional intelligence), 영감 지능(inspired intelligence), 신체 지능(physical intelligence) 등이 그것이다. 신화에 대한 원형적 상상력의 이해는 클라우스 슈밥의 제 4차 혁명의 시대에 다양하게 활용될 수 있는 매우 요긴한 것으로 보인다.

인간이 가지고 있는 신화적 사유는 엄마의 모체에서 떨어져 나온 탯줄에 기원을 둘 수 있다. 특히 우리 신화에 나타나는 하늘과 연결되는 줄을 표상하는 나무, 동아줄, 박씨 덩굴이 바로 그것이다. 이러한 줄들은 모체와 함께 하고자 하는 인간의 무의식적인 회귀사상이며 신화의 세계에 다가가려고 하는 인간의 무의식적인 집단이상일 것이다. 그런데 재미있게도 우리의 신화에서는 하늘과의 통로를 매우 현실적인 방법으로 만들었던 것 같다. 『해와 달이 된 오누이』라는 동화에서처럼 하늘은 현실의 동아줄로 올라갈 수 있고 『선녀와 나무꾼』에서처럼 두레박을 통해 올라갈 수 있는 곳이었다. 우리 신화의 매력적인 여인 자청비 역시 자신의 연인인 문도령을 만나기 위해 선녀들이 목욕물을 길어 가는 두레박을 이용했음직하다. 그러나 하늘과 연결시키는 가장 흔한 통로는 단연 박씨였던 것 같다. 자청비를 두고 간 문도령은 자신이 돌아올 징표로 박씨를 남겼고 총명부인에게 박씨를 남긴 천지왕은 그 박씨덩굴 때문에 아들 소별이와 대별이를 만나게 된다. 또한 당금애기 역시 아들 셋에게 아비를 찾아갈 수 있도록 아비가 남긴 박씨를 아들들에게 주고 있다. 『흥부전』의 박씨에서 하늘의 심판이 들어있는 것은 아마도 이러한 신화적 사유의 연장일 것이다. 박이 제주도에서 해녀들의 잠수 도구인 태왁으로 사용되고 있는 것을 볼 때 박의 신화적 상상력은 이승과 저승을 연결시켜 주는 도구로 작용하고 있었다.(조현설, 2006:130) 우리는 현실의 세계와 신화의 세계를 보다 유기적으로 이해하기 위해서 상상력이라는 박씨가 필요하다. 상상력의 박씨를 통해 우리는 두 세계를 잇는 넝쿨을 만들어 가는 것이다.

신화는 언제나 상징을 풀 수 있는 열쇠를 숨기고 있다. 즉 현대 문화는 보다 복잡하게 신화적 사유를 암호화시키고 있다. 이윤기의 주장처럼 신화는 반쪽이고 사신들이 신분증으로 가지고 다닌 부절이고 두 통으로 작성된 계약서이고 반쪽의 쉼볼론이고 도끼자루인 것이다.(이윤기, 2004:15) 따라서 현대문화는 신화를 그 어느 때보다도 많이 드러내고 있지만 가장 잘 숨기고 있기도 하다. 이러한 신화가 의미를 얻기 위해서 현대인의 지적인 호기심은 늘 계속해서 깨어 있어야만 한다. 그래야 신화는 아련하게 모습을 드러내 보이는 경향이 있다. 우리 문화에서 흔하게 사용되는 숫자의 의미조차도 신화적 해석을 기다리고 있기 때문이다. 아는 만큼 보이는 것이 또한 신화인 것이다. 이 글은 현대 문화에 나타난 신화성을 읽는 빙산의 한 조각에 불과하다. 행복한 신화적 주술의 힘이 이끄는 곳으로 열심히 쉼 없이 가보려고 한다. 이러한 여행에서 최근에 만난 것이 신화의 문화 콘텐츠화 과정이었다. 지금까지 계발된 신화의 콘텐츠를 살펴볼 때 신화가 우리 시대에 또 어떤 보물 보따리를 건네줄지 단언할 수 없다. 왜냐하면 신화는 문화콘텐츠 사업의 풍부한 기반 내용이 될 수 있는 가능성을 가지고 있기 때문이다. 이러한 문화적 보고의 활용은 요즘 각 나라마다 문화행사를 신화적 소재 차용에 열을 올리고 있는 것으로도 그 열기를 알 수 있다. 문화 콘텐츠의 가장 중요한 특성은 문화권에 따라 콘텐츠의 형식과 비주얼 이미지 그리고 스토리텔링 등이 차별화되어 전달되어야 상업적 재화로서 문화 콘텐츠의 사업화가 가능하다는 점이다(백승국, 2005:28). 최근에 문화 원형 디지털 콘텐츠화 산업을 통해 인문학과 예술, 기술의 만남이 여기저기에서 시도되고 있다. 대표적인 신화 관련 콘텐츠를 살펴보면 건국대학교 산학협력단에서 주도한 〈구전신화의 공간 체계를 재구성한 판타지 콘텐츠의 원소스 개발〉, 국민서관 주식회사에서 개발한 〈오방대제와 한국 신들의 원형 및 인물 콘텐츠 개발〉, 재단법인 정동극장에서 개발한 〈삼국유사 민간신화의 창작 공연 및 디지털 콘텐츠화 사업 : 연오랑 세오녀〉과 국립극단의 〈삼국유사 프로젝트〉라는 이름으로 제작되는 다양한 연극 등이 있으며 한양대 산학협력단의 〈한국 인귀 설화의 원형 콘텐츠 개발〉 등 활발하게 전개되고 있는 상황이다. 뮤지컬에서도 신화를 활용한 작품들이 속속 등장하고 있는데, 〈도화녀와 비형랑〉, 〈삼천〉, 〈쌍화별곡〉 등 삼국유사 모티프를 대상으로 많은 작품들이 펼쳐지고 있다. 신화와 문학의 문화적 데이터는 문화 콘텐츠화의 무궁무진한 가능성을 가지고 있으며 앞으로 발전할 디지털 문화와 더불어 나아갈 수 있는 거대한 자양분을 제공할 수 있다. 이러한 신화적 재조명은 인문학 활성화에 더욱더 도움이 될 것이다.

이 책의 초판을 쓴 것은 정확히 10년 전의 일이었다. 당시 시간 강사인 내게는 이 책을 읽을 사람이 막연하게 느껴졌고, 신화를 전면으로 수업을 할 수 있는 기회도 주어지지 않았다. 그러나, 이 책을 시작으로 신화에 대한 나의 지적 탐험은 10여 년 동안 꾸준히 진행되었고, 다양한 문화 현상에서 신화를 읽는 작업을 심화시켜 나갔다. 놀이, 축제, 소설, 영화, 문화 현상, 고전 등에 다양한 신화적 해석을 시도해왔었다. 그런데, 10년이 지난 이 시점에 필자는 이 책을 가지고 강의할 분명한 대상들을 다행히 설정할 수 있게 되었다. 다음 학기부터 교양 핵심으로 신화와 문화를 내 이름을 가지고 강의하게 되는 행운을 얻었다. 무척 가슴 벅찬 일이다. 10년이 지난 시점에 이 책을 전반적으로 재정비하는 데는 바로 이러한 이유 때문이다. 지나친 욕심일지 모르지만 신화와 문화 수업을 다가오는 10여 년 동안 열심히 해보고 그 후에 이 책을 더욱 더 보강하는 기회를 가졌으면 하는 작은 소망을 가지고 있다. 늘 변화하는 문화에 가슴 벅차게 다가가고 싶다. 변화를 맞이하는 마음이 지나치게 담담해진다는 것은 열정이 사라져버린 증거일 것이기 때문이다. 10년 전에 이 책을 읽었던 학생이 지금은 문화를 만드는 최전방에서 얼마 전 강의를 의뢰했던 적이 있었다. 너무 뜻 깊은 일이었다. 이 책을 읽고 또 강의에서 만난 학생들이 10년 후에 현장에서 나를 기억해주는 기적 같은 일이 있었으면 하는 바람으로 계속 겸허하게 수정하고 보강할 것이다. 여전히 나의 신화 탐구는 진행형이다.

인용된 작품 정보

〈동화〉

『나야? 고양이야?』, 가타무라 사토시, 조소정 옮김, 베틀북, 2000.

『지각대장, 존』, 존 버닝햄, 박상희 옮김, 비룡소, 1999.

『괴물들이 사는 나라』, 모리스 샌닥, 강무홍 옮김, 시공주니어, 2002.

『마법침대』, 존 버닝햄, 이상희 옮김, 시공주니어, 2003.

『곰사냥을 떠나자』, 마이클 로젠, 공경희 옮김, 시공주니어, 1994.

『부엉이와 보름달』, 제인 욜런, 박향주 옮김, 시공주니어, 1997.

『파란 시간을 아세요』, 안느 에르보, 이경혜 옮김, 베틀북, 2003.

『작은 집 이야기』, 버지니아 리 버튼, 홍연미 옮김, 시공주니어, 1993.

『여섯 마리 까마귀』, 레오리오니, 이명희 옮김, 마루벌, 2004.

『마고할미』, 정근 지음, 보림, 2006.

『오필리아의 그림자 극장』, 미하엘 엔데, 문성원 옮김, 베틀북, 2001.

『100만 번 산 고양이』, 사노요코, 김난주 옮김, 비룡소, 2002.

『태양으로 날아간 화살』, 제럴드 맥더넛, 김명숙 옮김, 시공주니어, 1996.

『세상에서 가장 큰 여자 아이 안젤리카』, 앤 이삭스, 서애경 옮김, 비룡소, 2001.

『제랄다와 거인』, 토미 웅거리, 김경연 옮김, 비룡소, 1996.

『반쪽이』, 이미애, 보림, 1997.

『종이 봉지 공주』, 로버트 먼치, 김태희 옮김, 비룡소, 1998.

『내 멋대로 공주』, 배빗 콜, 노은정 옮김, 비룡소, 2005.

『꿈을 먹는 요정』, 미하엘 엔데, 문성원 옮김, 2001.

『늑대가 들려 주는 아기 돼지 삼형제』, 존 세스카, 보림, 1996.

『슈렉!』, 윌리엄 스타이그, 조은수 옮김, 비룡소, 2001.

『소별왕 대별왕, 당금애기』, 문명식, 한겨레아이들, 1999.

『바리공주, 강남국 일곱 쌍둥이』, 허은미, 한겨레아이들, 1999.

『황우양씨 막막부인, 자청비와 문도령』, 김은하, 한겨레아이들, 1999.

『한락궁이 원천강 오늘이』, 엄혜숙, 한겨레아이들, 1999.

『강림도령 궤네깃또』, 송현, 한겨레아이들, 1999.
『따로따로 행복하게』, 베빗 콜 지음, 보림, 1999.

〈소설〉

『서편제』, 이청준, 열림원, 2000.
『몽고반점』, 한강, 문학사상사, 2005.
『빛살무늬 토기의 추억』, 김훈, 문학동네, 2005.
『칼의 노래』, 김훈, 생각의 나무, 2003.
『화장』, 김훈, 문학사상사, 2004.
『별』, 황순원전집, 문학과 지성사
『닭제』, 황순원전집, 문학과 지성사
『소나기』, 황순원전집, 문학과 지성사
『무녀도』, 김동리전집, 문학과 지성사
『등신불』, 김동리전집, 문학과 지성사
『바위』, 김동리전집, 문학과 지성사
『까치소리』, 김동리전집, 문학과 지성사

〈애니메이션〉

〈월령공주〉, 미와자키 하야오 감독, 1997.
〈인크레더블〉, 브래드 버드 감독, 2004.
〈센과 치히로의 행방불명〉, 미와자키 하야오 감독, 2002.

〈하울의 움직이는 성〉, 미와자키 하야오 감독, 2004.
〈천년 여우〉, 사토시 콘 감독, 2001.
〈포카혼타스〉, 마이크 가브리엘 감독, 1995.
〈슈렉2〉, 앤드류 아담슨, 켈리 애스버리, 콘래드 베논 감독, 2004.
〈프린스 앤 프린세스〉, Michel Ocelot, 1999.
〈겨울왕국〉, 크리스 벅, 제니퍼 리, 2013.

〈영화〉

〈웰컴투 동막골〉, 박광현 감독, 2005.
〈올드보이〉, 박찬욱 감독, 2003.
〈친절한 금자씨〉, 박찬욱, 2005.
〈이프온리〉, 길정거, 2004.
〈언더월드 Underworld〉, 레오이즈먼, 2003
〈반헬싱 Van helsing〉, 스티븐 소머즈, 2004.

〈게임〉

〈탑블레이드〉, 손오공.
〈유희왕〉, 대원씨엔씨.
〈라그나로크〉, 그라비티.
〈리니지〉, 엔씨소프트.

참고문헌

Erving Goffman, *Frame Analysis*, Northestern University Press, 1986.

J.F.비얼레인, 현준만 옮김, 『세계의 유사신화』, 세종서적, 1996.

J. 호이징아, 권영빈 옮김, 『놀이하는 인간』, 기린원, 1989.

K.K. Ruthven, 김명열 옮김, 『신화』, 서울대학교 출판부, 1987.

J.Hilis Miller, *Fiction and Repetition*, Basil Blackwell Oxford, 1982.

T.G.A. Nelson, *Comedy*, Oxford University Press, 1990.

강은혜, 『한국난타의 원형, 두두리 도깨비의 신화』, 예림기획, 2003.

강응천, 『문명 속으로 뛰어든 그리스 신들』, 사계절. 1996.

건국대학교 동화와 번역연구소 편, 『동화와 신화』, 새미, 2002.

김병희, 『반칙왕 - 영웅의 탄생』, 영화리뷰, naver.com

김상준, 『신화로 영화읽기, 영화로 인간 읽기』, 세종서적, 1999.

김성곤, 『퓨전시대의 새로운 문화 읽기』, 문학사상사. 2003.

김성태, 『영화 - 존재의 이해를 위하여』, 은행나무, 2002.

김소영, 『근대성의 유령들』, 씨앗을 뿌리는 사람, 2000.

김열규, 『한국인의 신화 - 저 너머, 저 속, 저 심연으로』, 일조각, 2005.

김열규, 『동북아시아 샤머니즘과 신화론』, 아카넷, 2003.

김요섭, 『현대 동화의 환상적 탐험』, 서울 : 한국문연, 1998.

김원중, 『삼국유사』, 을유문화사, 2002.

김재용, 이종주, 『왜 우리 신화인가』, 동아시아, 1999.

김창배, 『21C 게임 패러다임』, 지원미디어, 1999.

김화경, 『세계 신화 속의 여성들』, 도원미디어, 2003.

김홍우, 『한국의 놀이와 축제』, 집문당, 2002.

나카자와 신이치, 김옥희 옮김, 『신화, 인류 최고의 철학』, 동아시아, 2001.

나카자와 신이치, 김옥희 옮김, 『곰에서 왕으로 - 국가, 그리고 야만의 탄생』, 동아시아, 2003.

나카자와 신이치, 김옥희 옮김, 『사랑과 경제의 로고스』, 동아시아, 2004.

도날드 위니컷, 이재훈 옮김, 『놀이와 현실 *Playing and Reality*』, 한국심리자료연구소, 1997.

레이디 오거스타 그레고리, 홍한별 옮김, 『안개 너머의 나라, 켈트의 속삭임』, 여름언덕, 2004.

로제 까이와, 이상률 옮김, 『놀이와 인간』, 문예출판사, 1994.

루스 베네딕트, 김진근 옮김, 『그림으로 읽는 국화와 칼』, 봄풀출판, 2012.

마르치아 엘리아데, 이재실 옮김, 『대장장이와 연금술사』, 문학동네, 1999.

마빈 해리스, 박종렬 옮김, 『문화의 수수께끼』, 한길사, 1994.

박기수, 『애니메이션 서사 구조와 전략』, 논형, 2004.

박상재, 『한국 창작동화의 환상성 연구』. 서울 : 집문당, 1998.

박인하, 『아니메 미학에세이』, 바다출판사, 2003.

박정배, 『세계를 감동시킨 애니메이션 이야기』, 초록배, 1996.

박지향, 『영웅만들기 - 신화와 역사의 갈림길』, 휴머니스트, 2005.

백승국, 『문화 기호학과 문화 콘텐츠』, 다홀미디어, 2004.

서정오, 『우리가 정말 알아야 할 우리 신화』, 현암사, 2003.

송효섭, 『탈신화 시대의 신화들』, 기파랑, 2005.

수잔나 밀라, 황순자 옮김, 『놀이의 심리』, 형설출판사, 1990.

쉴러 키난, 윤후남 옮김, 『세계 신화 사전』, 한솔교육, 2003.

스튜어트 컬린, 윤광봉 옮김, 『한국의 놀이 - 유사한 중국,

일본의 놀이와 비교하여』, 열화당, 2003.
스튜어트 보이틸라, 김경식 옮김, 『영화와 신화』, 을유문화사, 2005.
신동흔, 『살아있는 우리 신화』, 한겨레신문사, 2004.
신화아카데미, 『세계의 창조신화』, 동방미디어, 2001.
신화아카데미, 『세계의 영웅신화』, 동방미디어, 2002.
에이미 크루즈, 배경화(편역), 『이야기 세계의 신화』, 도서출판 푸른숲, 1998.
요시다 아츠히코 외 지음, 김수진 옮김, 『우리가 알아야 할 세계신화』, 이손, 2000.
유다정, 『발명, 신화를 만나다』, 창비, 2006.
유시주, 『거꾸로 읽는 그리스 로마신화』, 푸른나무, 1996.
유재원, 『그리스 신화의 세계 1』, 현대문학 , 1998.
유재원, 『신화로 읽는 영화, 영화로 읽는 신화』, 까치, 2005.
이강엽, 『신화』, 연세대학교 출판부, 2004.
이경재, 『신화 해석학』, 다산글방, 2002.
이상일, 『전통과 실험의 연극문화 - 굿, 놀이, 그리고 축제문화』, 눈빛, 2000.
이왕주, 『철학, 영화를 캐스팅하다』, 효형출판, 2005.
이용배, 『애니메이션의 장르와 역사』, 살림, 2003.
이윤기. 『그리스로마신화 1 - 신화를 이해하는 12가지 열쇠』, 웅진닷컴, 2001.
이윤기. 『그리스로마신화 2 - 사랑의 테마로 읽는 신화의

12가지 열쇠』, 웅진닷컴, 2002.
이윤기. 『그리스로마신화 3 - 신들의 마음을 여는 12가지 열쇠』, 웅진닷컴, 2002.
이이화, 『놀이와 풍속의 사회사』, 한국사 이야기 4, 도서출판 한길사, 2001.
이인식, 『온가족이 함께 읽는 신화 상상동물 백과사전』, 생각의 나무, 2002.
이인화, 『디지털 스토리텔링』, 황금가지, 2003.
이인화, 『한국형 디지털 스토리텔링』, 살림, 2005.
이재선, 『한국 현대 소설사』, 홍성사, 1979.
이재선, 『현대 한국 소설사』, 민음사, 1991.
이재현, 『인터넷과 온라인 게임』, 커뮤니케이션북스, 2002.
이정엽, 『디지털 게임, 상상력의 새로운 영토』, 살림, 2005.
일연, 리상호 옮김, 『사진과 함께 읽는 삼국유사』, 까치, 1999.
임병희, 『로고스의 영토, 미토스의 지배』, 국제어문, 24권, 2001.
장영란, 『신화 속의 여성, 여성 속의 신화』, 문예출판사, 2001.
장영란, 『죽음과 아름다움의 신화와 철학』, 루비박스, 2015.
전경란, 『디지털 게임의 미학』, 살림, 2005.
정재서, 『이야기 동양신화 1, 2』, 황금부엉이, 2005.
조지프 캠벨, 『신화의 세계』, 까치, 1998.
조지프 캠벨, 이윤기(역), 『신화의 힘』, 고려원, 1992.

조지프 캠벨, 이진구 옮김, 『신의 가면 I - 동양신화』, 까치, 2002.

조지프 캠벨, 이진구 옮김, 『신의 가면 II - 원시신화』, 까치, 2002.

조지프 캠벨, 정영목 옮김, 『신의 가면 III - 서양심화』, 까치, 2002.

조지프 캠벨, 정영목 옮김, 『신의 가면 IV - 창작신화』, 까치, 2002.

조지프 캠벨, 이은희 옮김, 『신화와 함께하는 삶』, 한숲, 2004.

조현설, 『우리 신화의 수수께끼』, 한겨레출판, 2006.

조현설, 『마고할미 신화 연구』, 민속원, 2013.

주강현, 『우리 문화의 수수께끼 1, 2』, 한겨레신문사, 2004.

진중권, 『놀이와 예술 그리고 상상력』, 휴머니스트, 2005.

진형준, 『상상적인 것의 인간학 - 질베르 뒤랑의 신화방법론 연구』, 문학과 지성사, 1992.

질베르 뒤랑, 유평근 옮김, 『신화 비평과 신화 분석』, 살림, 1998.

최기숙, 『환상』, 연세대학교 출판부. 2003.

최원오, 『이승과 저승을 잇는 다리 한국신화』, 여름언덕, 2004.

최유찬, 『컴퓨터 게임의 이해』, 문화과학사, 2002.

최유찬, 『컴퓨터 게임과 문학』, 연세대학교 출판부, 2004.

최혜실, 『디지털시대의 문화 읽기』, 소명출판, 2001.

최혜실, 『디지털시대의 문화예술』, 문학과 지성사, 1999.

크리스토프 맨케, 김동규 옮김, 『미학적 힘』, 그림비, 2013.

클라우스 슈밥, 송경진 옮김, 『클라우스 슈밥의 제 4차 산업혁명』, 새로운현재, 2016.

틸 바스티안, 박성윤, 손성현 옮김 , 『가공된 신화, 인간』, 시아출판사, 2005.

페리 노들먼, 김서정 옮김,『어린이 문학의 즐거움1, 2』, 시공주니어, 2001.

한혜원, 『디지털 게임 스토리텔링』, 살림, 2005.

허인욱, 『한국애니메이션 영화사』, 신한미디어, 2004.

황선길, 『애니메이션 영화사』, 범우사, 1999.

참고하면 좋은 책들

1. 김열규, 『한국인의 신화-저 너머, 저 속, 저 심연으로』, 일조각, 2005.

한국 민속학자의 대표주자이면서 서강대 국문과 교수를 지냈고 현재 계명대 석좌교수인 김열규 교수의 신화 에세이라고 할 수 있다. 신화를 다루는 방법에 있어서 매우 친근한 방식을 택하고 있다. 이 책은 퇴색해버린 신화의 의미를 다시 새겨보게 해주며 옛이야기를 보다 깊이 바라볼 수 있는 렌즈를 제공해주고 있다. 저자는 신화를 "不可視의 可視化", 즉 보이지 않는 것을 보게 하는 초능력을 주는 힘을 가지고 있다고 말한다. 한국신화와 동물을 논하면서 곰에 대한 재미있는 논의를 제기하고 있다. 곰에 대한 5가지 의문을 제기하면서 곰 신앙과 신화의 관계를 색다르게 펴고 있다. '신화와 놀이와 굿'의 관계를 규명하고 신화의 리얼리티를 다루고 있다. 현대인의 생활과 문화와 문학 속에서 신화가 가지는 의미를 연구하고 있으며 신화와 한국인의 영혼관을 다루고 있다. 검은 넋과 흰 넋이 있다고 말하면서 죽은 이의 넋이 살아 있다고 주장한다. 동양신화라는 큰 틀로 볼 때 한 · 일 양국의 신화는 같은 문화권을 이루지만 한국과 일본의 신화론의 차이점을 집중적으로 다루고 있다.

2. 조지프 캠벨, 이은희 옮김, 『신화와 함께하는 삶』, 한숲, 2004.

미국의 신화 종교학자이자 비교신화학자인 조지프 캠벨의 책 중에서 특히 강연의 내용을 선별하여 엮은 책이다. 이 책은 다양한 신화의 사례를 열거하여 신화의 본성과 기원을 고찰하면서 신화의 현대적인 의미를 고찰하고 있다. 신화에 미친 과학의 이야기를 자신의 경험담을 통해서 풀어가고 있으며, 신화와 함께 인류의 출현이 있었고 이미 호모사피엔스의 세계와 예술에 신화가 존재해 있다고 보고 있다. 죽음에 대한 의식과 죽음을 초월해야 하는 필요성이 신화의 가장 커다란 발생 원인이라고 할 수 있다. 의례의 중요성을 논하면서 의례가 인간의 삶을 행복하게 한다는 것을 지적하고 종교적 의례는 신성한 행사가 되고 있다. 동양과 서양의 분리를 종교적인 관점에서 주로 비교하고 있는데 여기에서 동양은 인도의 종교에 중점을 두고 있다. 사랑의 신화를 다루는 장에서는 우주의 가장 놀라운 신화라고 찬탄하면서 세계 여러 나라의 유명한 사랑의 신화를 거론하고 있다. 특히 트리스탄과 이졸데의 사랑은 사랑 신화의 대명사라고 할 수 있다. 다음으로는 전쟁과 평화의 신화를 다루고 있는데 평화보다 전쟁의 신화가 먼저 떠오르는 이유를 집단끼리의 갈등과 잔인한 현실이 존재하기 때문이라고 주장한다. 마지막 부분에는 신화를 정신분열증의 정신 구조와 비교하고 있는데 내면으로의 자기 여행이라는 측면에서 구조의 동일성을 발견하고 있다.

3. 질베르 뒤랑, 유평근 옮김, 『신화 비평과 신화 분석』, 살림, 1998.

철학자이면서 문학박사이기도 하고 인류학과 사회학 교수를 지낸 뒤랑은 『상상력의 과학과 철학』(살림)과 『상징적 상상력』(문학과 지성사)이라는 책과 함께 본고로 잘 알려진 비평가이다. 『신화비평과 신화분석』의 원제는 『신화학 입문』이다. 뒤랑이 주목받는 것은 상상적인 것에 적극적으로 가치를 부여하고 해석해 내는 힘 때문이다. 진리가 무너진 현실에 절망하기보다는 허무주의에 빠지기보다는 인간의 생에 대한 자신만의 가치를 부여한다. 현대 서구 문화는 실증주의라는 탈신화의 신화를 따름으로써 종교적 권위와 함께 정치적 권위도 상실하고 말았다고 뒤랑은 주장한다. 현대 사회에 무엇이 결여되어 있는지 또한 온갖 경이로운 것, 온갖 꿈, 가능해 보이는 온갖 유토피아를 향한 분위기가 왜 그렇게 크게 거의 무정부적인 호소력을 갖게 되는지를 설명한다. 신화의 귀환, 시니피에의 인식론, 의미의 물줄기, 사회 문화적 지형학의 개념, 신화의 폭발과

잠복 기간 등등 현대 문화를 신화적 철학 담론으로 읽어가는 지식의 보고이다.

4. 정재서, 『이야기 동양신화 1, 2』, 황금부엉이, 2005.

서양 신화에 익숙해진 우리에게 동양 신화의 매력을 한껏 보여준 책이라 할 수 있다. 동양 신화의 이모저모를 소개하고 서양 신화와의 차별성을 이야기하고 있다. 필자는 상상력이 자유롭다는 것에 반기를 든다. 우리의 상상력이라는 것이 대부분 신화에서 인용되고 있다는 지적인데, 이 책을 읽으면 지금껏 미와자키 하야오 감독의 작품들에 주어진 찬사가 조금은 과장된 것처럼 느껴진다. 동양신화의 여러 모티프들과 신들의 형상이 그대로 그의 작품에 재현되고 있기 때문이다. 혼돈의 신 제강, 거인 반고의 거인 화생설, 인류를 만든 여와, 홍수 속에서 살아남은 복희와 여와 남매의 신화, 죽음과 생명을 관장하는 서왕모, 은우지정의 주인공 무산신녀인 요희, 곤륜산을 지배하는 황제, 농사와 약초를 알려준 소머리 신 염제, 붉은 악마의 혼령으로 부활하는 치우, 아홉 개의 태양을 쏘아버린 예와 두꺼비가 되어버린 그의 부인 항아 등등 수없이 많은 이야기들이 등장한다. 이 책을 읽는 묘미 가운데 하나는 일상생활에 현존해 있는 신화의 그림자를 제대로 바라볼 수 있게 해준다는 것이다. 무심히 지나쳤던 주변의 사물과 관습과 언어가 그 뿌리는 신화적이라는 것이 재미있다.

5. **김화경, 『세계 신화 속의 여성들』, 도원미디어, 2003.**
   장영란, 『신화 속의 여성, 여성 속의 신화』, 문예출판사, 2001.
   진 시노다 볼린, 조명덕, 조주현 옮김, 『우리 속에 있는 여신들』, 또 하나의 문화, 2003.

지금까지 신화를 바라보던 관점에 대해 일단 제동을 걸고 뒤를 돌아보게 하는 신화 비평서들이다. 김화경의 『세계 신화 속의 여성들』에서는 지금까지 전해오는 문헌에 기록된 여신 신화들이 남성들의 편의에 따라 그 모습이 많이 변경되고 왜곡되었다는 점을 지적하고 있다. 불행이나 죽음이 여성 때문에 초래되었다는 신화적 이데올로기는 남성의 지배 질서를 합리화하기 위한 술책임을 주제별로 나누어서 치밀하게 설명해 나간다. 악의 근본으로 내몰린 여성들 중에 판도라와 이브, 아테나와 성모 마리아와 유화의 성처녀 이데올로기는 남성의 이기적인 권력욕의 결과라는 것이다. 현실의 여성을 권력 기구에 참여시킬 생각이 없기 때문에 현실적으로 불가능한 존재인 처녀 어머니라는 허상을 잉태시켰다는 것이다. 장영란의 『신화 속의 여성, 여성 속의 신화』는 여성이라는 틀로 신화를 재해석하고 있다. 위의 김화경의 책이 여성신의 양상을 주제별로 나눈 것이라면 이 책은 여성을 삼분화시키고 있다. 열녀, 악녀, 미인으로 나누어진 각각의 여신들의 행보를 따라가면서 어떠한 이데올로기가 숨어있는지 잘 보여주고 있다. 또한 어머니

살해와 질료·형상설에서는 아리스토텔레스의 여성 질료설을 분석하고 있으며 아버지 살해와 가부장제에서는 오이디푸스와 엘렉트라의 비극적인 운명을 분석하고 더 나아가 여성 혐오증과 동성애까지 살펴보고 있다. 진 시노다 볼린의 책 『우리 속에 있는 여신들』은 앞의 두 책과는 좀 다른 관점을 가진다. 앞의 두 책이 남성주의적 관점에서 읽혀지지 않았던 여성 신화를 다른 각도에서 읽는 것이라면 이 책은 여성들의 다양성과 서로 다름을 인정하는 방식으로 신화를 읽어가는 것이다. 일곱 명의 그리스 여신들의 모습을 보여주면서 그 모습을 가부장제에 고정시키지 않고 생동감 넘치게 분석하고 있다.

6. 페리 노들먼, 김서정 옮김, 『어린이 문학의 즐거움 1, 2』, 시공주니어, 2001.

영문학 교수인 페리노들먼은 이 책에서 동화, 애니메이션, 게임을 바라보는 중요한 지침서 역할을 해 주고 있다. 우리가 문학을 왜 읽는가, 어린이들은 왜 문학을 읽어야 하는가, 우리는 어떻게 읽어야 하는가, 어린이는 자신의 세계를 얼마나 이해하는가, 어린이를 위한 책은 누가 고르는가, 전래동화와 신화가 어린이들의 상상력에 어떤 영향을 끼치는가 등등 근본적이고 기본적인 질문으로부터 이 책의 내용을 꾸려가고 있다. 1권의 4장에서 다루는 세마타의 독서기법은 그의 책에서 핵심적인 내용이라고 할 수 있다. 그가 말하는 세마타의 독서 기법은 읽기 뿐 아니라 듣기, 느끼기, 보기 등을 되풀이해서 일어나는 숙련된 활동이라고 하고 있다. 그것들은 모두 이전에 존재했던 구조에 의존한다. 바로 그 구조가 세마타라고 말한다. 세마타는 예상이기 때문에 과거는 세마타를 통해 미래에 영향을 끼친다는 것이다.

7. 나카자와 신이치, 김옥희 옮김, 『곰에서 왕으로 - 국가, 그리고 야만의 탄생』, 동아시아, 2003.

일본의 종교학자이자 신학자인 나카자와 신이치는 『신화, 인류 최고의 철학』이라는 책으로 국내에 알려진 철학가이다. 카이에 소바주 시리즈의 첫 번째 책인 『신화, 인류 최고의 철학』에서는 신데렐라의 신발 한 짝에 대한 깊은 철학적 사유를 체계화시키고 있다. 그 두 번째 책인 『곰에서 왕으로』에서 주제로 삼고 있는 것은 자연과 인간의 대칭과 비대칭성과 국가와 야만의 관계이며 이러한 근거를 고대신화에서 끌어오고 있다. 신화시대의 대칭적 사고가 상실되면서 왕을 중심으로 하는 국가가 탄생하기까지의 과정과 국가와 함께 탄생되는 야만에 대한 개념을 풀어가고 있다. 그러한 신화성을 나타내는 것으로 곰의 상징성과 범고래에 대한 신화를 설명하고 있으며 미야자와 겐지의 『빙하쥐의 털가죽』을 예로 신화적 상상력을 펴고 있다. 미야자와 문학의 세계관을 압도적인 비대칭으로 이루어진 세계에 대한 동물들의 분노나 슬픔으로 바라보고 있으며 이러한 비대칭적인 세계의 근원적인 악을 해소하기 위해서 신화적 사고가 중요하다고 말한다. '곰'과 같은 초월적 존재의 자연 권력을 갈망하던 인간들이 이를 자신의 내부로 끌어들이며 대칭성의 관계를 무너뜨리고 야만을 탄생시키는 과정을 보여주고 있다.

8. 박지향, 『영웅만들기 - 신화와 역사의 갈림길』, 휴머니스트, 2005.

서양사학자들의 공동작업인 『영웅만들기』는 근 · 현대사에 걸쳐 일어났던 영웅화 현상의 양상과 매커니즘을 그 시대의 구체적인 상황 속에서 살펴보았다. 이들은 과거 어떤 인물들이 어떠한 맥락에서 영웅으로 탄생하고 신화화되었으며, 그러한 기억이 지배 권력에 의해 정치적, 사회적 갈등 속에서 어떻게 왜곡되고, 조직되고, 동원의 수단으로 이용되고 있는지에 분석의 초점을 맞추고 있다. 〈나폴레옹〉, 〈잔다르크〉, 〈엘리자베스〉, 〈무솔리니〉, 〈비스마르크〉의 영웅 만들기가 어떠한 기억의 생성과 변형에 의해서 전승되고 있는지 면밀하게 추적해 나가고 있다. 그리고 과거의 영웅들에 대한 기억이 한 국민의 정체성을 형성하는데 수행하고 있는 역할에 질문을 던지고 있다. 그러한 과정의 긍정과 부정의 기능들을 깊이 생각함으로써 집단적 기억이 장차 국가의 미래 가치관을 정립하는데 어떻게 활용되고 보존되어야 하는가의 문제를 성찰하는 토대를 마련해주고 있다.

9. 마르치아 엘리아데, 이재실 옮김, 『대장장이와 연금술사』, 문학동네, 1999.

20세기 가장 뛰어난 종교학자인 엘리아데는 『성과 속』, 『이미지와 상징』이라는 책으로 잘 알려져 있다. 이 책은 엘리아데 초기 사상의 핵심을 담고 있는 것으로 원시 사회의 대장장이 업과 연금술 특유의 신화, 의례, 상징들을 심도있게 고찰하고 있다. 방대한 인문사회학적 지식과 통찰력으로 인간사회에 둘러싼 수많은 신화와 상징들이 수천년 인류 역사에서 어떻게 전개되었는지 독창적인 시각으로 펼쳐보임으로써 보편적인 인간 존재의 신화적 밑그림을 선명하게 그리고 있다. 그는 대장장이가 철의 가공자이며 떠돌이라는 조건 때문에 여러 부류의 주민과 접촉할 수 있다. 대장장이는 신화, 의례, 야근의 비의가 전파되는데 주요한 중개자가 된다. 그리고 연금술사는 대장장이나 도공과 마찬가지로 불의 지배자라고 설명한다. 그가 물질을 어떤 상태에서 다른 상태로 이행시킬 수 있는 것은 불에 의해서 가능하다고 말한다. 그런데 고대 그리스 과학과 비교할 때 연금술이 독창성을 갖는 부분은 물질의 복합적이고 극적인 생명이라는 개념이다. 물질의 극적인 생명에 관한 체험은 그리스 및 동양의 비의를 앎으로써 가능해진다.

10. 조현설, 『우리 신화의 수수께끼』, 한겨레출판, 2006.

이 책은 '동양신화'의 보편성으로 우리 신화를 보는 안목에서 더 나아가 한국인의 독특한 문화적 사유를 읽어나가게 해 주는 묘미를 가진 책이다. 그리스로마신화에서 동양신화로 안목을 확장시켰다면 이 책을 통해 우리 신화의 독특함을 한층 재미있게 읽을 수 있을 것이다. 우리 문학에 등장하는 웃음과 재치, 삶의 지혜, 무수한 금기들을 읽는 열쇠를 찾은 지적 즐거움을 느끼게 된다. 「태양신이 된 거지 궁산이」에서 마누라를 두고 내기를 하는 노름꾼의 원형을 찾음으로써 김유정이라는 작가의 문학 세계의 신화성을 읽어나갈 수 있으며, 「해를 쏘아 떨어뜨린 명사수 메르겐」을 통해서는 월명사의 「도솔가」의 신화성을 읽을 수 있으며, 「밀의 기원」을 통해 술이 우리 문학에 가지는 상징성을 읽을 수 있으며, 「천하일색 자청비」는 「박씨전」을 읽는 신화적 모티프를 발견하게 해 준다. 또한 문학적 모티프의 근원을 찾는 데에만 그치는 것이 아니라 우리의 일상생활에서 이미 유전자처럼 뿌리 깊게 박혀 있는 수많은 금기들의 비밀을 찾는 기회가 된다. 예를 들어 "문지방을 밟으면 재수가 없다"라는 금기를 문전신을 통해 설명한다거나 복숭아의 유래 등 다양한 신화의 수수께끼가 던져지고 있다.

11. 신동흔, 『살아있는 우리 신화』, 한겨레신문사, 2004.

우리 신화의 자부심을 심어 주는 책이라 할 수 있다. 삼국유사를 보면서 우리 신화가 그리스로마신화에 비해 상상력이 빈약하다고 느꼈던 무지의 편견을 일소시켜 주는 책이다. 이 책의 저자는 우리 민간신화의 주인공들을 소개하면서 "가슴 벅차다"는 표현을 하고 있다. 세상이 처음 열리는 이야기 안에 대별왕과 소별왕 이야기, 생명을 점지시켜 주는 삼승할망, 신화의 완벽한 텍스트로서 바리공주, 사계절의 유래를 나타내는 원천강의 오늘이, 서천 꽃밭의 한락궁이의 꽃에 대한 상상력, 영웅신화의 자부심을 보여 준 강림도령, 백두 못과 하늘 못의 영웅 이야기, 생과 사를 보여 준 양이목사, 칠성신을 보여 주는 일곱 쌍둥이, 심청전의 모티프를 보여 주는 감은장애기신화, 서양의 아프로디테와 동양의 서왕모에 비해 지혜롭고 용감한 자청비의 능동적인 사랑, 성주신과 터주신이 된 황우양씨와 막막부인, 학을 타고 강을 건너는 궁상이 등등 수많은 우리의 전통 신화의 보고를 보여 주는 책이다. 소박하고 인간적인 우리 신화의 주인공들을 만나게 되면서 우주에 대한 우리 조상들의 광활한 상상력을 만나보게 될 것이다.

〈문학의 기본 개념〉 총서를 펴내며

연세대학교 유럽사회문화연구소는 문학과 문화를 공부하는 이들을 위한 입문서로 〈문학의 기본 개념〉 총서를 펴냅니다. 이 총서는 문학을 배우거나 가르칠 때 자주 접하게 되는 주요 개념과 용어, 그리고 문학 현상과 관련된 여러 가지 주제와 이론을 쉽고 체계적으로 설명하는 책들로 꾸며집니다. 동시에 보다 심화된 공부를 위한 디딤돌로 사용할 수 있도록 국내의 연구 성과를 검토하고 최신의 연구 동향을 소개합니다.

지금까지 비슷한 시리즈나 연구서가 없었던 것은 아니지만, 외국 서적을 번역하거나 다루는 항목이 많지 않아서 입문서로서는 아쉬운 점이 많았습니다. 많은 경우 '우리'의 문학 입문서로서 갖추어야 할 현장감과 균형 감각이 크게 부족했고, 너무 전문적이라는 문제도 있었습니다. 우리나라의 문학연구 수준이 자체적으로 문학의 기본 개념을 집필할 수 있는 수준에 이르렀는데도 여전히 번역물에 의존하는 점도 아쉬웠습니다.

〈문학의 기본 개념〉 총서는 이러한 문제점을 인식하고

기획되었습니다. 우선 각 분야의 우리 연구자들이 직접 주제를 선정하고 집필하는 방식을 택하였습니다. 또한 번역물이 지닐 수 없는 미덕, 즉 우리말을 최대한 정확하고 유려하게 쓰고, 우리 문학 작품이나 국역된 외국 작품을 예문으로 삼아 설명함으로써 독자들의 이해를 돕고, 스스로 작품을 찾아 읽어볼 수 있게 배려하였습니다. 나아가 우리나라의 대학 교육현장에서 강의하고 연구한 경험이 배어있는 글쓰기를 추구하고자 하였습니다.

〈문학의 기본 개념〉 총서는 2001년 3월부터 필자를 공개 모집하기 시작하여 2003년 2월에 처음으로 1차분 네 권을 선보인 이래, 50권 발간을 목표로 꾸준히 출간되고 있습니다. 이 총서는 전국에 있는 모든 문학 연구자에게 집필의 장을 활짝 열어 놓고 있습니다. 소수의 전공자들만 읽는 학술지를 제외하고는 마땅한 글쓰기 장을 찾지 못했던 분들은 이 총서를 통해 좀 더 폭넓은 독자들과 만날 수 있을 것입니다. 뜻과 역량을 갖춘 연구자 여러분들의 적극적인 동참을 기대합니다. 유럽사회문화연구소 홈페이지(http://web.yonsei.ac.kr/ieurope)에 자세한 정보와 집필 신청서가 있습니다.

이 총서가 출간되기까지 많은 이들이 헌신적으로 도우셨습니다. 총서를 기획하고 발판을 마련한 (전)유럽문화정보센터의 초대 연구소장인 고영석 교수와 특히, 온 힘을 다해 애써준 1기 편집 위원 이경덕, 윤정임, 안소현, 김경식, 한

수영, 이선미, 오정숙 선생의 노고를 기록해 두려 합니다. 또한 2기와 3기, 4기 편집 책임자인 김경식, 박은경, 신성엽 선생의 땀방울도 총서에 스며있습니다. 연세대학교는 연구비 지원을 통해 기획과 집필이 가능하도록 도와주었습니다. 고마운 일입니다. 연세대학교 대학출판문화원은 출판을 맡아 수고해 주셨습니다. 이 모든 노고를 통해 우리의 문학/문화 연구 기반이 더욱 탄탄해지기를 기대해 봅니다.